MÉMOIRES ET NOTES

SUR L'EMPLOI DE

L'ARTILLERIE NAVALE

PAR

L. LEWAL, lieutenant de vaisseau.

L'importante collection dont la publication vient de commencer sous ce titre, renferme des travaux consciencieux, approfondis et exclusivement pratiques, sur la plupart des questions que soulève l'emploi de l'artillerie navale ; questions qui ont un si haut intérêt pour l'arme de la marine.

Ces travaux ne sont pas des compilations, mais des études personnelles à l'auteur. Il prend la responsabilité des opinions qu'il exprime, des propositions qu'il formule, et, en entreprenant cette publication, uniquement destinée aux officiers de la marine, il croit pouvoir compter sur la sympathie et les encouragements de ses camarades.

Il eût été possible de réunir et de coordonner dans un seul ouvrage les études et les recherches auxquelles l'auteur s'est livré depuis dix ans ; mais

DÉPOT. { A Toulon, chez RUMÈBE, libraire sur le Quai.
A Paris, chez ARTHUS BERTRAND, rue Hautefeuille, 21.
Et dans les ports de Cherbourg, Brest, Lorient et Rochefort.

2e SÉRIE. — N° 3.

il a préféré les laisser, sans y rien changer, sous la forme de mémoires détachés et de notes qu'il leur avait primitivement donnée, à diverses époques, pour les présenter à l'examen du Conseil des travaux de la marine ou de diverses commissions.

Le prix minime de chaque brochure ou numéro en facilitera l'acquisition et permettra à chacun l'étude isolée des sujets et des questions spéciales qui l'intéressent plus particulièrement.

Toutes les parties de cette publication, dont l'ensemble a réellement un caractère d'unité, sont indépendantes l'une de l'autre. Chaque mémoire ou brochure, renferme en général une étude complète sans liaison directe et nécessaire avec les autres. Par l'étendue même des matières, la publication ne saurait être que successive, et elle a commencé par les numéros qui ont le plus d'actualité ou une utilité plus immédiate, sans suivre l'ordre des matières indiqué ci-après :

1ʳᵉ SÉRIE. — Etudes diverses sur le matériel et son emploi.

1. — Recherches théoriques et pratiques sur l'étendue du champ de tir horizontal et vertical des bouches à feu de la marine; les dimensions de l'écartement de leurs sabords, les formes et dimensions des coussins et coins de mire, des croissans, des adens de l'affût, etc. (Octobre 1853.)

2. — Expériences comparatives entre divers écouvillons. (Juillet 1854.)
Expériences relatives à diverses espèces de gargousses. (Janvier 1855.)
Note sur l'inflammation accidentelle des gargousses. (Juillet 1854), avec addition en mai 1857.)
Note sur les culots et les crasses. (Janvier 1855.)

3. — Résumé d'expériences sur les étoupilles à frictions. (Avril 1858.)
Agrandissement des lumières des bouches à feu marines. (Janvier 1856).
Note sur les valets, les tampons et les bouchons. (Novembre 1860.)
Note sur les bragues.
Note sur les sabots.

3 — Installation des passages des poudres et projectiles, sur les vaisseaux le *Henri IV* et l'*Algésiras*. (1852-56.)

4. — Données d'expérience sur le tir des pièces de la marine; recueillies en 1853-54-55, à bord des bâtiments-écoles l'*Uranie* et le *Suffren*.

5e SÉRIE. — Etudes sur la tactique de combat.

1. — Note sur les qualités d'évolution des vaisseaux à hélice; expériences à faire pour les constater. (Avril 1860.)

2. — Etude historique sur le pointage et le tir des vaisseaux.

3. — Histoire technique des principaux combats de mer.

4. — Etude des évolutions et des manœuvres de combat, pour des bâtiments isolés.

5. — Etude des évolutions et des manœuvres de combat, pour des bâtiments réunis en escadres.

NOTA. — *Les numéros qui ont paru sont marqués d'un astérisque.*

MÉMOIRES ET NOTES

L'ARTILLERIE NAVALE.

MÉMOIRES ET NOTES

SUR L'EMPLOI DE

L'ARTILLERIE NAVALE

PAR

L. LEWAL, lieutenant de vaisseau.

DEUXIÈME SÉRIE.

(INSTRUCTION DES BATTERIES.)

N° 3.

Guide pour l'instruction d'une deuxième Batterie de vaisseau.

(MARS 1861.)

PUBLICATION AUTORISÉE PAR S. E. LE MINISTRE DE LA MARINE ET DES COLONIES.

PRIX : 1 FR. 25.

TOULON,

TYPOGRAPHIE ET LITHOGRAPHIE D'E. AUREL, RUE DE L'ARSENAL, 13.

1861.

MÉTHODE ET PRINCIPES D'INSTRUCTION.

Au point de vue de l'instruction, le personnel d'une batterie au moment de sa formation, peut être divisé en trois catégories : 1° les chefs de pièce et chargeurs dont l'instruction est complète ; 2° un certain nombre d'hommes habitués à la manœuvre et occupant divers postes ; 3° le reste, auquel il faut tout apprendre. Il s'agit : de former promptement les arriérés ; de mettre ensemble chaque équipage de pièce ; et finalement, toute la batterie. Il est clair que pour arriver à ce but, on ne saurait suivre la méthode indiquée dans le manuel qui, exclusivement faite pour le vaisseau-école et destinée à former des chefs de pièce avec des gens qui ne savent rien, ne peut convenir à l'instruction d'une batterie de vaisseau où l'on a des chefs de pièce tout formés, et où l'on ne forme que des servants.

La division des batteries en escouades est très-avantageuse pour l'instruction, mais à la condition que les officiers en sous-ordre, les seconds maîtres et instructeurs suivront exactement la méthode et le mode de commandement du chef de batterie (ce qui n'a pas lieu au début) ; et que les chefs de batterie seront eux-mêmes d'accord pour obtenir un enseignement uniforme. Autrement, le vaisseau n'arrivera jamais à l'ensemble, à l'unité. Il est utile de laisser le commandement exclusif au chef de batterie pendant les premiers temps de l'instruction, parce qu'il faut qu'il forme lui-même ses aides et ses instructeurs avant de leur livrer les escouades. Il devrait exister une instruction réglementaire, un guide connu de tous et appliqué rigoureusement, tant pour la méthode d'enseignement que pour le mode de commandement. Ce guide n'existant pas, on a cherché à y suppléer par ce travail.

Nos batteries étant respectivement armées de calibres très-divers, ne peuvent manœuvrer exactement de la même manière. Il y a des particularités pour chaque batterie et pour chaque calibre. Un canon rayé ne manœuvre pas, ne s'amarre pas comme un canon de 36; ni un canon de 30 N° 2 comme un canon obusier de 30. Il faut donc une instruction spéciale pour chaque batterie. Le manuel n'est pas parfait et n'a pu tout prévoir. Tout en observant scrupuleusement la plupart de ses prescriptions essentielles, nous sommes obligés de nous en écarter en certains points et de combler les lacunes qu'il renferme. C'est l'objet d'une partie importante de ce travail, intitulé : *Supplément au Manuel.*

Les changements du matériel sont si rapides qu'il est difficile de les suivre. Le manuel, quoique récent est en retard sur plusieurs points.

Au moment où nous écrivons, beaucoup de choses se transforment ou disparaissent partiellement ou en totalité. Telles sont : les percuteurs, les écouvillons pleins, les palans longs, les bragues, etc. Ce serait se condamner à ne rien écrire d'utile, que de vouloir être complet et au courant des innovations. Nous n'avons pas la prétention de réunir ces conditions ; et comme les lacunes et les superfluités qu'on pourra nous reprocher ne changent rien d'ailleurs, à l'esprit et à la méthode d'instruction qui fait l'objet de ce travail, seules choses vraiment importantes selon nous; il conservera toute son utilité pratique malgré ces imperfectious qu'il convient cependant de signaler.

Dans notre guide, l'instruction est graduée de façon qu'à chaque exercice les hommes apprennent quelque chose de nouveau, tant que leur éducation n'est pas complète. On insiste dans chaque séance sur les principaux mouvements de pratique qui se rapportent au chargement, au pointage et au tir ; mouvements qu'il faut faire et refaire sans cesse. Les mouvements relatifs aux pointages surtout, tiennent une très-grande place dans chaque exercice. Dans un même exercice, chaque mouvement successif présente une difficulté nouvelle ou l'application d'une règle différente. L'attention des hommes est ainsi constamment tenue en éveil. On exécute les mouvements de plus en plus vite, à mesure que le permet l'habitude qu'en prennent les hommes ; de sorte qu'arrivé au terme de l'instruction, on parvient à exécuter toutes les manœuvres possibles dans le cours de deux exercices généraux seulement.

L'instruction embrasse un total de 20 exercices généraux et de 20 théories ou exercices simples ; en tout 40 séances. Comme il n'y en a que 3 par semaine, dans l'état actuel des choses, et que les fêtes, les appareillages et d'autres nécessités imprévues du service viennent encore en diminuer le nombre, l'ensemble exige une période de temps de trois mois et demi au moins. C'est peu sans doute, en temps de paix, quand on a devant soi toute l'année, mais ce serait beaucoup trop en temps de guerre, où l'on ne saurait consacrer plus de six semaines à l'instruction d'un équipage de nouvelle formation. Or, le temps de guerre doit toujours être présent à la pensée dans toute organisation militaire, ce doit être l'objet des préoccupations constantes d'une escadre d'évolutions. On peut simplifier certainement le programme donné ici, en écartant toutes les manœuvres trop particulières, comme : amarrages, démontages, etc., qui n'ont nul besoin de la perfection qu'on recherche en temps de paix. En prenant cinq ou six séances par semaine, on arriverait en trois semaines à préparer sommairement une batterie ; et une semaine de tir permettrait ensuite de rendre son instruction suffisante pour le combat.

Dans l'exercice, les armements des pièces doivent toujours être complets. (1) Les arriérés manœuvrent ensemble, à part, et occupent les pièces les plus gênées. Les batteries sont divisées en escouades de trois ou quatre pièces. On a rarement plus de douze pièces complètes, il est donc bon de n'avoir que trois escouades, sous les ordres des trois officiers de la batterie (le chef de batterie au centre). Un second maître est instructeur à chaque escouade (un quartier-maître au centre). Les instructeurs sont toujours attachés à la même escouade, dont la composition est d'ailleurs variable. Chaque pièce complète les autres à son tour, etc.

Dans les théories, lorsqu'on ne manœuvre pas par escouade, les servants des pièces sont disposés par catégories ou par groupe d'hommes ayant à remplir les mêmes fonctions et affectés aux mêmes postes. (Voir page 22).

Dans les commencements de l'instruction principalement, on ne peut

---

(1) C'est dans le branlebas de combat surtout et quand on fait l'école des avaries qu'on exerce les hommes à manœuvrer avec des équipages réduits.

perdre une séance par semaine, sous prétexte d'apprendre le manuel à tous les servants. Il faut consacrer ce temps à tous les exercices de détail, qui ne peuvent prendre place dans les exercices généraux sans entraver l'instruction. Les chefs de pièce et chargeurs savent leur manuel ; les servants ont plus besoin de pratique que de théorie, et le manuel renferme bien peu de choses qu'il leur soit indispensable d'apprendre par cœur. Le but qu'on doit se proposer c'est de mettre promptement une batterie en état de combattre. Il faut donc compléter rapidement l'instruction.

Nous donnons ici un sommaire des mouvements et des manœuvres à exécuter pendant les exercices et les théories, depuis le commencement jusqu'à la fin de l'instruction. Il ne s'agit pas d'une conception théorique et d'un classement arbitraire, tous les mouvements énumérés ont été réellement exécutés par une batterie de vaisseau (1), dans l'ordre et le temps indiqué pour chaque séance. Le sommaire a été fait sur des notes recueillies jour par jour. On peut le suivre exactement avec fruit, mais sans se dissimuler que bien des circonstances variables, de temps, de lieu et de position, empêcheront souvent de l'appliquer à la lettre, tel qu'il est donné.

____

(1) Deuxième batterie du *Donawerth* 1860.

TABLE DES MATIÈRES.

[1] On n'y trouvera pas les mouvements qui sont donnés correctement par le Manuel, ni ceux que nous avons déjà décrit ailleurs. — Pour ces mouvements nous renvoyons soit au Manuel, soit aux deux mémoires intitulés : Pointage et chargement des pièces de mer. (2me série, n° 1.) Instruction sur les manœuvres, etc., des batteries des gaillards des vaisseaux. (2me série, n° 2). Le premier donne les mouvements de détail et l'instruction des arriérés ; le second décrit diverses manœuvres.

I

TABLE des Mouvements et des Manœuvres à exécuter par une deuxième batterie de vaisseau.

(Armée de canons de 30 lisses.)

Mouvements et Manœuvres.

———

1. (1)*Approvisionner la batterie { d'un bord. / des 2 bords. } { pour l'exercice simple. / pour l'exercice général. / pour le combat. }

2. Rentrer les pièces ; mettre en batterie,

3. *Maniement des anspects.

4. *Maniement de l'écouvillon et du refouloir { dans l'exercice d'un bord. / dans l'exercice des 2 bords. }

5. Exercice par commandements et par temps.

6. *Exercice par commandements.

7. Exercice à volonté.

8. Sortir de batterie { bâbord armé. / tribord armé. }

9. Pointages obliques et extrêmes { au sabord. / au recul. }

10. { Désarmer un bord et armer l'autre { au repos. / pendant le feu à volonté. } { bâbord armé. / tribord armé. } / Roulement. }

11. Suivre le pointage.

12. Pointage à toute volée et à couler bas.

(1) Tous les mouvements marqués d'une * sont ceux que les instructeurs doivent enseigner dans l'exercice des arriérés, et qu'on ne fait jamais exécuter, en détail, dans les exercices généraux.

13. Grands pointages.

14. Pointage intérieur.

15. *Exercice des deux bords { en 4 commandements. / en 2 commandements. / à volonté.

16. { Armer les deux bords et faire changer les servants mobiles. Roulement. { au repos. / pendant le feu. { bâbord armé. / tribord armé. { par la 1re manière. / par la 2me manière.

17. { Tir à longueur de brague { d'un bord / des 2 bords { bâbor darmé. / tribor darmé. Roulement.

18. Tir à contre bord.

19. Tir convergent { feux d'ensemble. / feux à volonté.

20. Tir précipité.

21. Feux de file.

22. Feux d'ensemble.

23. Mettre les pièces en chasse ou en retraite.

Amarrages.

1. *Passer et dépasser les palans.

2. * { Amarrer à garants simples. / Larguer.

3. Amarrer à garants doublés { d'un bord. / des 2 bords. { bâbord armé. / tribord armé.

4. Larguer les amarrages { d'un bord. / des 2 bords. { au repos. / en ouvrant le feu. { bâbord armé. / tribord armé.

5. { Amarrer à longueur de brague { d'un bord. / des 2 bords. { bâbord armé. / tribord armé. Larguer.

6. Amarrer en vache { d'un bord. / des 2 bords. { bâbord armé. / tribord armé.

7. Larguer les amarrages { d'un bord. / des 2 bords. { au repos. / en ouvrant le feu. { bâbord armé. / tribord armé.

Manœuvres de force.

1. Démontages
   - par la machine à la volée.
   - par la machine à la culasse.
   - par la machine en grand.
     - sans amener sur le pont.
     - en amenant sur le pont.
2. Traverser un canon sur le pont et l'amarrer en abord.
3. Embarquer les canons.
4. Débarquer les canons.
5. Jeter les canons à la mer.

Réparations des avaries pendant le feu et mouvements divers.

Six séries.

(Nota). — Tout ce qui précède concerne l'instruction pratique.

L'instruction théorique comprend en outre :

1° L'étude du manuel.

2° Les exercices de commandement et d'intonation pour les instructeurs, les chefs de pièce et les chargeurs.

II

SOMMAIRE des Exercices et des Théories. [1]

Mouvements exécutés par une batterie de canons de 30 N° 2 (ancien gréement), pendant toute la durée de l'instruction.

1ᵉʳ EXERCICE.

1ʳᵉ *Partie.* — Approvisionner ; roulement ; l'appel ; compléter ; chefs de pièce numérotez-vous (2 fois.) Aux palans de retraite et de côtés — 4 fois. || Exercice par commandements et par temps, 3 tours, (rectifiant et recommençant chaque mouvement, détaillant ce qui est mal fait). || Pointages obliques et extrêmes — la pièce restant au sabord — 4 de chaque espèce (par temps et mouvements). || Bâbord tirant à volonté, ouvrir le feu à tribord — roulement. || Tribord tirant à volonté, ouvrir le feu à bâbord — roulement (dans ces mouvements, rectifiant toutes les erreurs, détaillant les précautions à prendre.)

2ᵐᵉ *Partie.* — Tribord étant armé, amarrer à garants doublés à tribord, (sans palans de retraite, en détaillant; amarrage très-lent, mais très-souqué). || Armer bâbord, même amarrage. || Sans larguer l'amarrage, mettre successivement aux postes pour larguer, dans les 8 cas divers. || Bâbord armé, larguer l'amarrage des 2 bords. || A garants doublés des deux bords amarrer (les hommes étant d'abord envoyés aux postes pour amarrer des deux bords). | Aux postes pour larguer, dans les divers cas (sans rien toucher). | Tribord armé, larguer l'amarrage des deux bords. || Taper, amarrer. || Sortir de batterie, à bâbord, 2 fois — à tribord, 2 fois.

1ʳᵉ THÉORIE.

Chefs et chargeurs autour du chef de batterie. — Explications et questions

---

[1] La séance d'exercice a une heure et demie de durée ; comprenant une première partie de 45 m. un repos de 15 m. une 2me partie de 30 m. — La séance de théorie, dure une heure seulement, sans repos.

sur le matériel et son usage. — (Pièces, calibres, charges, projectiles, affûts, ustensiles, accessoires.)

Tous les servants à l'exercice de détail surveillés par les instructeurs. — (Cinq hommes par pièce, maniement des anspects, de l'écouvillon et du refouloir.)

2me EXERCICE.

1re *Partie*. — Palans de retraite et de côté — 4 fois. || Exercice par commandements et par temps — 2 tours. || Pointages obliques et extrêmes. — Pièce au sabord (par temps et mouvements). || Armer un bord et désarmer l'autre pendant le feu à volonté — 2 fois de chaque bord.

2me *Partie*. — A garants doublés des deux bords. || Aux postes pour larguer. | Larguer. || Même amarrage. | Aux postes. | Larguer. || Même amarrage. | Larguer. || Taper , amarrer. || Sortir de batterie — 2 fois de chaque bord.

3me EXERCICE.

1re *Partie*. — Exercice — 2 tours. || Pointages obliques et extrêmes — 2 fois (au sabord à volonté). || Armer les deux bords en 3 commandements, (tribord armé ou bâbord armé.)

1re Manière. — Faire changer les servants mobiles, (sans rien toucher aux pièces). || Armer un bord et désarmer l'autre — 2 fois de chaque bord. || « Tribord tirant à volonté, ouvrir le feu des deux bords. | Canonniers, tous, à tribord. | Roulement. || Tribord tirant à volonté, ouvrir le feu des deux bords. | Canonniers, tous à bâbord. | Roulement. ||

2me *Partie*. — Comme à l'exercice précédent — (on ne fait plus sortir de batterie qu'une fois.)

2me THÉORIE.

Chefs et chargeurs autour du chef de batterie. — Observations sur les exercices. Explications très-détaillées.

Pour les servants, même exercice qu'à la théorie précédente.

4me EXERCICE.

1re *Partie*. — Comme à l'exercice précédent — Ajouter : Tribord tirant à volonté, ouvrir le feu des deux bords. | Roulement. | Canonniers, tous à tribord. ||

2me *Partie*. — Comme à l'exercice précédent. (L'exécution doit commencer à être passable.)

5me EXERCICE.

1re *Partie*. — Exercice, 2 tours. || Pointages obliques et extrêmes, la pièce étant au recul (par temps et mouvements.) || Armer et désarmer un bord et les deux bords dans toutes les circonstances. ||

2me *Partie*. — Comme le précédent.

3me THÉORIE.

Chefs et chargeurs à une pièce armée, avec le chef de batterie, explication et usage des hausses (tir à la bougie, si l'installation qui le permet existe, ou pointage sur un point noir, fixe ou mobile.)

Pour les servants, même exercice qu'à la théorie précédente.

6me EXERCICE.

1re *Partie*. — Exercice, 2 tours. || Pointages obliques et extrêmes — la pièce au recul. || Mettre aux postes pour armer les deux bords. (Tribord armé, ou bâbord armé), par la 2me manière. || Faire changer les servants mobiles. || Changements de bord et manœuvres des deux bords, par la 2me manière. »

2me *Partie*. — Comme le précédent. (Dans les amarrages, le palan de retraite sera mis en ceinture.)

7me EXERCICE.

1re *Partie*. — Exercice, 2 tours. || Pointages obliques et extrêmes, au sabord et au recul. || Aux postes pour armer les deux bords, et changement des servants mobiles ; à tribord, à bâbord ; dans les divers modes et des deux manières. || Changements de bord. ||

2me *Partie*. — Amarrer à longueur de brague d'un bord — en détaillant — (2me manière). | Larguer l'amarrage. || Amarrage à garants doublés (palan de retraite en ceinture). | Aux postes pour larguer. | Larguer. | (Ces derniers mouvements, 2 fois.)

4me THÉORIE.

Pour trois pièces. Démontage de deux manières (machine à la culasse ou à la volée.)

Pour toutes les autres ; école des avaries. 1re série.

8ᵐᵉ EXERCICE.

1ʳᵉ *Partie.* —Exercice, 2 tours. ‖ Pointages obliques et extrêmes. ‖ Suivre le pointage — 4 fois. ‖ Tir à contre bord — 4 fois. ‖

2ᵐᵉ *Partie.* — Amarrage à longueur de brague d'un bord (à volonté). | Larguer. ‖ Même amarrage des deux bords. | Larguer (4 fois). ‖ Amarrage à garants doublés. | Aux postes pour larguer. | Larguer. ‖

9ᵐᵉ EXERCICE.

1ʳᵉ *Partie.* — Exercice, 2 tours. ‖ Pointages obliques et extrêmes. ‖ Suivre les pointages — 2 fois. ‖ Tir à contre-bord — 2 fois ‖ Tir à longueur de brague d'un bord. ‖ Même tir des deux bords dans les cas divers. ‖

2ᵐᵉ *Partie.* — Changements de bord et manœuvres des deux bords dans les cas divers. ‖ Amarrage à garants doublés et larguer — 1 fois. ‖

5ᵐᵉ THÉORIE.

Comme la précédente.

10ᵐᵉ EXERCICE.

1ʳᵉ *Partie.* — Exercice, 2 tours. ‖ Pointages obliques, etc. ‖ Pointage à toute volée — 4 fois (au détail). ‖ Pointages à couler bas — 4 fois (au détail). ‖ Suivre le pointage — 2 fois ‖ Tir à contre-bord — 2 fois. ‖ Tirs à longueur de brague d'un bord et des deux bords. ‖

2ᵐᵉ *Partie.* — Comme la précédente.

11ᵐᵉ EXERCICE.

1ʳᵉ *Partie.* — Comme au précédent.

2ᵐᵉ *Partie.* — Traverser en vache à tribord (les pièces impaires d'abord, les pièces paires ensuite, une division après l'autre — par temps et mouvements). ‖ Mettre en batterie, id. ‖

6ᵐᵉ THÉORIE.

Comme la précédente. On passera à la 2ᵐᵉ série de l'école des avaries, au lieu de la 1ʳᵉ.

12ᵐᵉ EXERCICE.

1ʳᵉ *Partie.* — Exercice, 2 tours. ‖ Pointages obliques. ‖ Id. à toute volée et à couler bas — 2 fois (à volonté). ‖ Tir précipité — au détail — 4 fois. ‖ Changement de bord et manœuvres des deux bords dans les divers cas. ‖

2ᵐᵉ *Partie.* — Comme au précédent, puis : Traverser en vache à volonté

(d'un bord seulement encore ; pièces paires et impaires successivement). ||
Remettre en batterie, id. ||

13ᵐᵉ EXERCICE.

1ʳᵉ *Partie*. — Exercice, 2 tours. || Pointages obliques. || id. à couler bas
et à toute volée. || Tir précipité — 2 fois (à volonté). || Tirs à longueur de
brague d'un et des deux bords. ||

2ᵐᵉ *Partie*. — Traverser en vache d'un bord et remettre en batterie —
2 fois (à volonté). || Amarrages à garants doublés. | Aux postes pour larguer.
| Larguer. ||

7ᵐᵉ THÉORIE.

Comme la précédente.

14ᵐᵉ EXERCICE.

1ʳᵉ *Partie*. — Exercice, 2 tours. || Pointages obliques. || Pointages à toute
volée et à couler bas ; grands pointages (avec les curseurs supplémentaires).
Passer des uns aux autres. || Tir précipité (mouvement d'à plat pont). Passer
du feu à volonté au tir précipité et réciproquement. || Changements de bord
et manœuvres des deux bords dans les divers cas. ||

2ᵐᵉ *Partie*. — Traverser en vache des deux bords (une pièce d'abord,
l'autre ensuite). Remettre en batterie de la même manière — 2 fois. || Amar-
rage à garants doublés. | Aux postes pour larguer. | Larguer. ||

15ᵐᵉ EXERCICE.

1ʳᵉ *Partie*. — Exercice, 2 tours. || Pointages obliques et extrêmes, en
direction et en hauteur. || Suivre le pointage. || Tir à contre-bord. || Feux de
file par section, division, batterie. || Feux d'ensemble, de section, de divi-
sion, de batterie, de bordée. || Tir à longueur de brague d'un et des deux
bords. ||

2ᵐᵉ *Partie*. — Traverser en vache des deux bords (à volonté), remettre en
batterie, id. — 3 fois. ||

8ᵐᵉ THÉORIE.

Pour 3 ou 4 pièces : démontages par la machine en grand, en amenant et
sans amener sur le pont.

Pour toutes les autres : école des avaries, 3ᵐᵃ série.

16ᵐᵉ FXERCICE.

1ʳᵉ *Partie*. — Exercice, 2 tours. || Pointages obliques et extrêmes, etc. ||

Suivre le pointage. || Tir à contre-bord. || Tir précipité. || Feux de file et feux d'ensemble. || Changements de bord et manœuvres des deux bords dans les divers cas. ||

2ᵐᵉ *Partie.* — Traverser en vache des deux bords. || Amarrer en vache (au détail) un palan après l'autre. || Aux postes pour larguer (sans rien toucher). || Larguer. || Remettre en batterie. ||

17ᵐᵉ EXERCICE.

1ʳᵉ *Partie.* — Comme au 15ᵐᵉ exercice.

2ᵐᵉ *Partie.* — Comme au 16ᵐᵉ exercice.

9ᵐᵉ THÉORIE.

Comme la précédente.

18ᵐᵉ EXERCICE.

1ʳᵉ *Partie.* — Comme au 16ᵐᵉ exercice.

2ᵐᵉ *Partie.* — Amarrer en vache des deux bords (à volonté). || Aux postes pour larguer. || Larguer et commencer le feu (à volonté — 2 fois). ||

19ᵐᵉ EXERCICE.

1ʳᵉ *Partie.* — Comme au 15ᵐᵉ exercice.

2ᵐᵉ *Partie.* — Comme au précédent.

10ᵐᵉ THÉORIE.

Comme la précédente. On passera à la 4ᵐᵉ série de l'école des avaries au lieu de la 3ᵐᵉ.

20ᵐᵉ EXERCICE.

1ʳᵉ *Partie.* — Comme au 16ᵐᵉ exercice.

2ᵐᵉ *Partie.* — Amarrrages à garants doublés — 3 fois.

EXERCICES GÉNÉRAUX. — TYPES.

Nº 1.

1ʳᵉ *Partie.* — Exercice par commandements et par temps, 2 tours, || Pointages obliques et extrêmes en direction et en hauteur. || Suivre les pointages. || Tir à contre-bord. || Tir précipité. || Changements de bord et manœuvres des deux bords dans les divers cas. ||

2me *Partie.* — Amarrage à garants doublés. || Aux postes pour larguer. || Larguer en ouvrant le feu. || Amarrage en vache. || Aux postes pour larguer. || Larguer en ouvrant le feu. ||

N° 2.

1re *Partie.* — Exercice par commandements et par temps, 2 tours. || Pointages obliques et extrêmes en direction et en hauteur. || Suivre les pointages. || Pointage intérieur et tir convergent. || Tir à longueur de brague d'un et des deux bords dans les divers cas. ||

2me *Partie.* — Disponible. (Ce sera généralement le cas d'exécuter par section, trois ou quatre séries de l'école des avaries.)

11me THÉORIE.

Comme la précédente.

12me THÉORIE.

Pour 4 pièces — Embarquement et débarquement des canons.
Pour toutes les autres — Ecole des avaries. 5me série.

13me THÉORIE.

Comme la précédente

14me THÉORIE.

Comme la précédente. — On passera à la 6me série de l'école des avaries au lieu de la 5me.

15me THÉORIE.

Comme la précédente.

16me THÉORIE.

Pointage intérieur (au détail.)

17me THÉORIE.

Pointage intérieur et tir convergent (feux d'ensemble ou à volonté,)

18me THÉORIE.

Jeter les canons à la mer. Chefs et chargeurs à l'école d'intonation (pendant un 1|4 d'heure environ.)

19me THÉORIE.

Pièces de chasse en chasse, pièces de retraite en retraite — 4 fois. (Toutes les pièces du centre font l'exercice au détail sous le commandement des chefs et chargeurs.)

20ᵐᵉ THÉORIE·

Chefs et chargeurs au tour du chef de batterie. — Formes des pièces, des chambres, des projectiles, chargement et déchargement des pièces et des projectiles — fusées, grenades — Marquer les écouvillons et refouloirs, etc.....

Tous les autres servant à l'exercice du détail avec les instructeurs.

A partir de la 20ᵐᵉ théorie, les exercices simples sont consacrés, à la manœuvre du canon. La 1ʳᵉ partie de la séance est semblable à celle des exercices généraux, la 2ᵐᵉ est affectée exclusivement à une ou plusieurs séries de l'école des avaries et aux démontages.

Les théories ne comprennent plus que l'étude du manuel, sauf le cas où l'on jugera convenable de faire commander l'exercice en détail par les chefs et chargeurs, ou de leur faire l'école d'intonation.

Pour la théorie, les hommes sont assis à des tables par groupes autour d'un instructeur ainsi qu'il suit :

1ᵉʳ GROUPE. — Chefs de pièce et chargeurs. L'instruction est faite par le chef de batterie ou le 1ᵉʳ Enseigne ou le 1ᵉʳ second maître.

2ᵐᵉ GROUPE. — 1ᵉʳˢ de gauche et 2ᵐᵉˢ de droite. L'instruction est faite par un Enseigne ou un élève ou le 2ᵐᵉ second maître.

3ᵐᵉ GROUPE. — 2ᵐᵉˢ de gauche et 3ᵐᵉˢ de droite. L'instruction est faite par un élève ou un quartier-maître.

4ᵐᵉ GROUPE. — Tous les autres servants (divisés en 2 tables s'il est nécessaire.) L'instruction est faite par un quartier-maître ou un chef de pièce.

Au 30ᵐᵉ exercice général l'instruction doit être complète et peut être considérée comme terminée. Il n'y a plus qu'à entretenir et les hommes n'acquièrent plus que ce que les exercices à feu, les tirs et une longue habitude de manœuvrer ensemble peuvent seuls donner.

III

RÉPERTOIRE des commandements, selon l'ordre des exercices. [1]

Mode de commandement et d'intonation.

Tout commandement doit être bref, concis ; les mots sont articulés lentement et distinctement : chaque membre de phrase, toujours très-court, doit être isolé des autres, et séparé par un repos ou suspension de la voix, chaque commandement, général ou particulier, doit être suivi d'un signal, ou commandement d'exécution prononcé à un court intervalle.

L'accentuation, brève sur chaque syllabe qui précède la suspension de la voix, doit être traînante sur la syllabe finale du commandement, laquelle est d'un ton plus grave que le reste.

Le ton doit remonter, au commandement d'exécution, qui est toujours articulé, bref et sec.

Ex. Troisième commandement, — Pointez, — trois temps, — premier temps. — Heup !

Suspendre la voix à tous les endroits où se trouve une virgule ; repos ou court intervalle à l'endroit marqué — qui précède le commandement d'exécution. Prononcez brèves et sur le même ton toutes les syllabes qui précèdent les virgules ; longue et en abaissant la voix celle qui précède le signe. — Prononcer bref et plus haut le signal d'exécution heup !

---

[1] Cet ordre n'est pas absolument logique, mais il est bon qu'un chef de batterie qui prendra ce travail pour guide, trouve réunis dans un même article, correspondant au sommaire des exercices et des théories, tous les commandements dont il a besoin pour exécuter les mouvements et manœuvres indiqués. Le répertoire les donne dans un ordre progressif qui n'est pas nécessairement l'ordre logique employé dans la table des manœuvres et mouvements, mais qui s'en rapproche cependant beaucoup. C'est dans le même ordre d'ailleurs que sont présentées les observations de toute nature relatives à l'instruction.

Nota. — Le mot heup ! est l'équivalent du coup de baguette ; les instructeurs doivent toujours l'employer. Le chef de batterie seul, ou l'officier qui commande toute la batterie réunie dans les manœuvres d'ensemble, emploie le coup de baguette ou le coup de clairons.

Heup ! C'est ainsi que se prononce le mot : Action ! inscrit dans tous les exercices règlementaires. Il vaut mieux l'écrire comme il se prononce puisque l'usage en est devenu général depuis plus de dix ans.

Autre exemple. — 1 — A larguer l'amarrage,
      2 — des deux bords.
      3 — à Tribord,
      4 — à volonté. = COMMENCEZ LE FEU !

Les commandements d'avertissement sont écris en italique, ceux d'exécution en ronde. Tous les commandements nécessaires pour exécuter une manœuvre sont numérotés, selon l'usage adopté dans toutes les publications destinées à l'armée.

Nota. — Toutes les fois que le signal d'exécution n'est pas : heup ! ou un coup de baguette ; mais un des mots suivants : Pointez ! — Commencez le feu ! — Roulement ! — Feu ! — En batterie ! — Palanquez ! — Amarrez ! — Larguez ! — Amenez ! — Enlevez ! — Changez ! — Traversez ! — Disposez ! c'est la dernière syllabe de ce mot qui est traînante et basse, et non celle du commandement d'avertissement. Cette dérogation apparente à la règle d'intonation vient de ce que le mot : heup ! est toujours sous-entendu. L'usage veut qu'on ne l'articule pas après les mots cités, quoique ceux-ci soient toujours suivis ou accompagnés du coup de baguette dans les manœuvres générales.

Répertoire des Commandements de l'Instructeur ou du Chef de Batterie.

PREMIER EXERCICE. — *Première Partie.*

Préparation à l'Exercice.

Approvisionner.   — Des deux bords, approvisionnez. = HEUP ! (1)
         — ROULEMENT !

(1) voir ci-après, p. 51. Observations sur les commandements.

Appel.	1. — L'appel (2).	
	2. — Rendez l'appel !	
Compléter.	1. — Complétez !	
	2. — Faites sortir les arriérés !	
	3. — Enlevez les chemises de laine !	
Numéroter.	1. — ROULEMENT !	
	2. — Par l'avant, chefs de pièce, numérotez-vous ! (3).	

Rentrer les pièces et mettre en batterie.

Rentrer les pièces.	1. — Aux palans de retraite !	
	2. — PALANQUEZ !	
Mettre en batterie.	1. — Aux palans de côté !	
	2. — EN BATTERIE !	

Pointages obliques. (La pièce au sabord).

— Pointages obliques. (4).

Pointer en chasse.	1. — En chasse. = POINTEZ !	2 fois de suite.
Remettre en belle.	1. — En belle. = HEUP !	
	1. — En retraite. = POINTEZ ! (remettre en belle).	
Dresser les pièces.	— Les pièces droites au milieu du sabord ! (5).	

Pointages extrêmes. (La pièce au sabord).

Pointer en chasse.	1. — En chasse extrême. = POINTEZ !	2 fois de suite.
Remettre en belle.	1. — En belle. = HEUP !	

Pointages extrêmes. (La pièce au sabord).

Pointer en retraite.	1. — En retraite, extrême. = POINTEZ ! (remettre en belle).	
Dresser les pièces.	— Les pièces droites, au milieu du sabord !	

Passer d'un pointage oblique au pointage opposé.

De la chasse à la retraite.	1. — En chasse. = POINTEZ !
	2. — En retraite = POINTEZ ! (2 fois de suite).
De la retraite à la chasse.	3. — En chasse. = POINTEZ ! (2 fois de suite).
Dresser les pièces.	4. — ROULEMENT ! — Les pièces droites au milieu du sabord !

Passer d'un pointage extrême au pointage opposé.

De la chasse à la retraite.
De la retraite à la chasse.
Dresser les pièces.

1. — En chasse extrême.=POINTEZ !
2. — En retraite extrême.=POINTEZ ! } 2 fois de suite.
3. — En chasse extrême.=POINTEZ !
4. — ROULEMENT ! — Les pièces droites au milieu du sabord !

Désarmer un bord et armer l'autre bord pendant le feu.

(Bâbord armé).

Indiquer la charge et le pointage.

1. — Charge au 1ǀ4, boulet plein ! (6).
2. — N Encâblures.   { En chasse.
                       En belle.
                       En retraite.
3. — Amorcez, pointez. — HEUP ! (7).

Ouvrir le feu.   1. — A volonté. — COMMENCEZ LE FEU !

Armer l'autre bord.   1. — Armez tribord. — HEUP !

(Indiquer la charge et le pointage). (Ouvrir le feu). (7 bis).

Cesser le feu.   1. — ROULEMENT !

Deuxième partie,

Amarrer à garans doublés d'un bord.

(Bâbord armé).

Amarrer à garans doublés à bâbord.

1. — A bâbord.
2. — A garans doublés. — AMARREZ !
— Au recul, aussitôt parés ! (8).

Amarrer de l'autre bord.

1. — Armez tribord.
1. — A tribord.
2. — A garans doublés. — AMARREZ !
— Au recul aussitôt parés !

Mettre aux postes pour larguer l'amarrage.

(Bâbord armé).

Larguer des deux bords.(Bâbord armé).

— On ne touchera pas aux amarrages.

1er Cas.	1. — A larguer l'amarrage.
	2. — Des deux bords. = Heup !
Larguer des deux bords. (Tribord armé).	1. — Canonniers, tous à tribord. = Heup ! (9)
2me Cas.	1. — A larguer l'amarrage.
	2. — Des deux bords. = Heup !
	1. — Canonniers, tous, à bâbord. = Heup !
3me Cas. Larguer des deux bords, ouvrir le feu à tribord. (Bâbord armé.)	1. — A larguer l'amarrage.
	2. — Des deux bords.
	3. — A bâbord.
	4. — A volonté. = Commencez le feu !
	1. — Canonniers, tous, à bâbord. = Heup !
4me Cas. Larguer des deux bords, ouvrir le feu à tribord. (Bâbord armé).	1. — A larguer l'amarrage.
	2. — Des deux bords.
	3. — A tribord.
	4. — A volonté. = Commencez le feu !
	1. — Canonniers, tous, à tribord. = Heup !
5me Cas. Larguer des deux bords, ouvrir le feu à tribord. (Bâbord armé).	1. — A larguer l'amarrage.
	2. — Des deux bords.
	3. — A tribord.
	4. — A volonté. = Commencez le feu !
	1. — Canonniers, tous, à tribord. = Heup !
6me Cas. Larguer des deux bords, ouvrir le feu à tribord. (Bâbord armé).	1. — A larguer l'amarrage.
	2. — Des deux bords.
	3. — A tribord.
	4. — A volonté. = Commencez le feu !
	1. — Canonniers, tous à bâbord. = Heup !
7me Cas. Larguer des deux bords, ouvrir le feu à tribord. (Bâbord armé).	1. — A larguer l'amarrage.
	2. — Des deux bords.
	3. — Des deux bords.
	4. — A volonté. = Commencez le feu !
	1. — Canonniers, tous, à tribord. = Heup !

8ᵉ Cas.
Larguer des deux
bords, ouvrir le feu
des deux bords. (Tri-
bord armé).

1. — A larguer l'amarrage.

2. — Des deux bords.

3. — Des deux bords.

4. — A volonté. = Commencez le feu !

Larguer l'amarrage.

1. — On larguera l'amarrage.
(Commander un des mouvements qui précèdent). (10).

Amarrer à garans doublés des deux bords.

(Bâbord armé).

1. — Des deux bords.

2. — A garans doublés. = Amarrez !

Au recul aussitôt parés.

1. — Canonniers, tous, à bâbord. = Heup ! (11).

Nota. — Mettre aux postes pour larguer dans les divers cas, puis larguer réellement dans un cas particulier désigné. — Armer tribord et exécuter l'amarrage des deux bords au moyen des commandements qui viennent d'être indiqués (bâbord armé).

Sortir de batterie.

(Bâbord armé).

1. — Roulement !

1. — Pour sortir de batterie ! — Comme il est prescrit par le Manuel, page 57.

Nota. — Au dernier commandement, au lieu de faire rompre, on commandera : A vos postes, aux pièces. = Marche !

Puis : Armez tribord. = Heup ! — On exécutera le mouvement à tribord pour les mêmes commandements.

TROISIÈME EXERCICE. — *Première Partie.*

Armer les deux bords
en trois commande-
ments.

Comme il est prescrit par le Manuel, page 59.

Faire changer les
servants mobiles.

1. — Servants mobiles. = Changez ! — Voir le Manuel page 63, 4ᵉ commandement.

Un bord tirant à volonté, ouvrir le feu des deux bords, et réciproquement.

(Tribord tirant à volonté).

Armer les deux bords	1. — Armez les deux bords. = HEUP !
Ouvrir le feu de l'autre bord.	2. — A bâbord, charge au 1|4, boulet plein (12).
	3. — Tir horizontal, en belle.
1er Cas.	4. — A volonté. = COMMENCEZ LE FEU !
	5. — Canonniers, tous, à tribord. = HEUP ! (13).
	6. — ROULEMENT ! (14).

Tribord tirant à volonté.

2me Cas

Le 5me commandement sera :
5. — Canonniers, tous, à bâbord. = HEUP !

Bâbord tirant à volonté.

3me Cas.

Le 5me commandement sera :
5. — Canonniers, tous, à bâbord. = HEUP !

Bâbord tirant à volonté.

4me Cas.

Le 5me commandement sera :
5. — Canonniers, tous, à tribord. = HEUP !

(Voir le manuel, pages 70 et 71).

QUATRIÈME EXERCICE. — *Première Partie.*

Les deux bords tirant à volonté, cesser le feu.

Tribord tirant à volonté.

Ouvrir le feu des deux bords.

1er Cas.

1. — ROULEMENT ! (15).
2. — Canonniers, tous, à bâbord. = HEUP !

Bâbord tirant à volonté.

Ouvrir le feu des deux bords.

2me Cas.

1. — ROULEMENT !
2. — Canonniers, tous, à tribord. = HEUP !

CINQUIÈME EXERCICE.— *Première partie.*

Pointages obliques et extrêmes. — La pièce au recul.

Mettre au recul. 1. — Aux palans de retraite. = PALANQUEZ !
Mêmes commandements que pour les pointages,
la pièce au sabord. (Voir page 25. — 1ᵉʳ exercice. — 1ʳᵉ partie).

SIXIÈME EXERCICE. — *Première Partie.*

Armer les deux bords
en 3 commandements
2ᵐᵉ manière. Voir le Manuel page 61.

Mettre aux postes pour armer et manœuvrer les deux bords.

(Tribord armé).

On ne touchera rien aux pièces !

1ʳᵉ manière. 1ᵉʳ Cas.
1. — Armez les deux bords. = HEUP ! (16).
2. — Servants mobiles. = CHANGEZ ! (17).
3. — Servants mobiles. = CHANGEZ !
4. — Canonniers, tous, à tribord. = HEUP !

(Tribord armé).

2ᵐᵉ Cas.
Le 4ᵐᵉ commandement sera :
4. — Canonniers, tous, à bâbord. = HEUP !

(Bâbord armé).

2ᵐᵉ manière. 1ᵉʳ Cas. / 2ᵐᵉ Cas.
Les commandements sont les mêmes
que ci-dessus, sauf le 1ᵉʳ qui devra toujours être :

1. — Par la deuxième manière, armez les deux bords.=
HEUP ! (18).

Deuxième partie.

Mettre les palans de retraite en ceinture.

1. — Le palan de retraite en ceinture. = HEUP !

(Voir le Manuel, page 142.)

SEPTIÈME EXERCICE. — *Deuxième Partie.*

Amarrer à longueur de brague d'un bord. (19)

Amarrer.   1. — A longueur de brague. = AMARREZ !

Larguer.   1. — A larguer l'amarrage. = LARGUEZ !

HUITIÈME EXERCICE. — *Première Partie.*

Suivre les pointages.

Indiquer d'abord la charge, la distance et un pointage oblique ou extrême, comme :

1er Cas.
En retraite.

1. — Charge au 1|4, boulet plein !
2. — 2 encâblures, en chasse !
3. — AMORCEZ , POINTEZ !
4. — En retraite, suivez le pointage. = HEUP !

2me Cas.
En chasse.

1. — En chasse, suivez le pointage. = HEUP !
2. — ROULEMENT ! (Les pièces sont remises en belle).

Tir à contre-bord.

Indiquer d'abord la charge et la distance comme :

1er Cas.
Tirer 3 coups.

1. — Charge au 1|6, boulet creux.
2. — 1 encâblure, en chasse extrême (ou en retraite).
3. — AMORCEZ , POINTEZ !
4 — Tir à contre-bord.
5. — COMMENCEZ LE FEU !

2me Cas.
Tirer 2 coups.

Le 4me commandement sera :
4. — Tir à contre-bord, on ne tirera que deux coups ! (20).

(Voir instruction... etc...)

Deuxième partie.

Amarrer à longueur de brague des deux bords.

Aux palans de retraite. = PALANQUEZ !

Amarrer.   1. — Des deux bords.

2. — A longueur de brague. = AMARREZ !

Larguer.   1. — A larguer l'amarrage.

2. — Des deux bords. $=$ Larguez !

NEUVIÈME EXERCICE. — *Première Partie.*

Tir à longueur de brague d'un bord.

(Bâbord tirant à volonté).

Ouvrir le feu à longueur de brague.

1. — A longueur de brague. $=$ Continuez le feu !

1. — A volonté. $=$ Continuez le feu !

Cesser le feu.   1. — Roulement !

Tir à longueur de brague des deux bords, (21).

(Bâbord tirant à volonté).

Ouvrir le feu à longueur de brague de à bâbord.

1. — A bâbord, à longueur de brague. $=$ Continuez le feu !

2. — Armez tribord. $=$ Heup !

1er Cas. Ouvrir le feu à volonté à tribord.

3. — A tribord, charge au 1|4, boulet plein.

4. — Tir horizontal en belle.

5. — A volonté. $=$ Continuez le feu !

Ouvrir le feu à longueur de brague à tribord.

6. — A tribord, à longueur de brague. $=$ Continuez le feu !

1°

1. — A tribord, à longueur de brague. $=$ Continuez le feu !

2me cas Reprendre le feu à volonté d'un seul bord.

2 et 3. — A bâbord... (indications pour la charge et le pointage).

4. — A volonté. $=$ Continuez le feu !

Cesser le feu.   1. — Roulement !

Tribord tirant à longueur de brague et bâbord à volonté.

Armer un seul bord et continuer le feu.

1. — Canonniers, tous, à tribord. $=$ Heup !

2. — A volonté. — Continuez le feu !

3. — Roulement !

2°

Armer un seul bord et cesser le feu.

1. — Canonniers, tous, à bâbord. $=$ Heup !

2. — Roulement !

Les deux bords tirant à longueur de brague.

3° — Suspendre le feu. 1. — ROULEMENT !

1ᵉʳ Cas.
Reprendre le feu des deux bords.
1. — Des deux bords.
2. — A longueur de brague. = COMMENCEZ LE FEU !

2ᵉ Cas.
Cesser le feu.
1. — ROULEMENT !
2. — Canonniers, tous, à bâbord. = HEUP !
3. — ROULEMENT !

DIXIÈME EXERCICE. — *Première Partie.*

Pointages à toute volée et à couler bas.

Pointer à toute volée. 1. — A toute volée. = POINTEZ !
2. — ROULEMENT ! (ou tir horizontal ou autre).

Pointer à couler bas. 1. — A couler bas. = POINTEZ !
2. — ROULEMENT ! (ou tir horizontal ou autre).

ONZIÈME EXERCICE. — *Deuxième Partie.*

Traverser en vache d'un bord et remettre en batterie.

(Tribord armé)

1ᵉʳ Cas.
Traverser en vache.
Pièces paires, hors de batterie ! (22).
1. — En vache. = TRAVERSEZ !
Pièces impaires, hors de batterie ! Pièces paires, à vos postes !
1. — En vache. = TRAVERSEZ !

2ᵉ Cas.
— Mêmes mouvements, bâbord armé !

(Bâbord armé.)

1ᵉʳ Cas.
Remettre en batterie.
Pièces impaires hors de batterie !
1. — En batterie. = HEUP !
Pièces paires, hors de batterie, pièces impaires, à vos postes !
1. — En batterie. = HEUP !

2ᵉ Cas.
— Mêmes mouvements, tribord armé.

3

DOUZIÈME EXERCICE. — *Première partie.*

Tir précipité.

1. — (Indiquer la charge).
2. — Tir précipité. = Heup !
3. — Commencez le feu !
4. — Roulement !

QUATORZIÈME EXERCICE. — *Première Partie.*

Grands pointages.

1. — Charge au 1|3, boulet plein.
2. — 14 encâblures, en belle.
3. — Amorcez, pointez !

1er Ex.	2me Ex.	3me Ex.
12 encâblures !	Tir horizontal !	A toute volée !
10 encâblures !	10 encâblures !	Tir horizontal !
8 encâblures !	Tir horizontal !	A couler bas !
4 encâblures !	13 encâblures !	Tir horizontal !
Roulement !	Tir horizontal !	A toute volée !
	8 encâblures !	Tir horizontal !
	Roulement !	A couler bas !
		Roulement !

Passer du tir précipité au tir à volonté et réciproquement.

1. — A volonté. = Commencez le feu !
2. — Tir précipité. = Commencez le feu !
3. — A volonté. = Continuez le feu !

Faire coucher les hommes.

1. — A plat pont !

(Deuxième Partie.)

Traverser en vache des deux bords et remettre en batterie.

Traverser.	1. — Des deux bords.
	2. — En vache. = TRAVERSEZ !
Remettre en batterie.	1. — En batterie. = HEUP !

(Voir le supplément au Manuel ci-après, page 62
et le Manuel p. 135. § 12).

QUINZIÈME EXERCICE. — *Première Partie.*

Feux de file.

(Le commandement d'AMORCEZ, POINTEZ ! étant
exécuté, et tous les chefs de pièce à longueur
de cordon).

Feu de file par section.
  1. — Feu de file, par section (23).
  2. — Par { l'avant / l'arrière } de chaque section (23).
  3. — COMMENCEZ LE FEU !

Feu de file par division.
  Mêmes commandements, remplacer le mot « Section » par le mot « Division ».

Feu de file par batterie.
  1. — Feu de file (23).
  2. — Par { l'avant / l'arrière } ou par { l'avant et l'arrière. / les 2 pièces du centre. }
  3. — COMMENCEZ LE FEU !

Feux d'ensemble.

(Le commandement d'AMORCEZ, POINTEZ ! étant
exécuté, et tous les chefs de pièce à longueur
de cordon).

Feu de section.
  1. — Feu de section (23).
  2. — Par { l'avant / l'arrière } de la 1re batterie.
  3. — COMMENCEZ LE FEU ! (24)

Feu de division (25).	Mêmes commandements, remplacer le mot « Section » par le mot « Division ».

Feu de batterie.
- 1. — Feu de batterie (26).
- 2. — N^ième batterie.
- 3. — Feu !

Feu de bordée.
- 1. — Feu de bordée (27).
- 2. — Attention.
- 3. — Feu !

SEIZIÈME EXERCICE.— *Deuxième partie.*

Amarrer en vache des deux bords et larguer l'amarrage.

(Les pièces étant traversées en vache des deux bords).

Amarrer.
- 1. — Des deux bords.
- 2. — En vache. == Amarrez !
- 3. — Palans de retraite en ceinture ! (28).

Au recul aussitôt parés !

(Voir le supplément au Manuel, p. 65 ou le Manuel p. 139, § 13).

Larguer l'amarrage.
- 1. — A larguer l'amarrage.
- 2. — Des deux bords. == Larguez !

— Canonniers, tous, { à bâbord / à tribord } = Heup !

Mettre aux postes pour larguer l'amarrage.

(Mêmes commandements que pour l'amarrage à garans doublés).
(Voir ci-dessus. 1er Exercice, 2me partie, p. 27).

Remettre en batterie.

1. — En batterie == Heup !

QUATRIÈME THÉORIE.

Démontages.

Par la machine à la culasse.

1. — L'affût de la N^{ième} pièce est brisé.
2. — Par la machine à la culasse. = ENLEVEZ !
3. — AMARREZ !
4. — L'affût est remplacé (ou réparé) (29).
5. — AMENEZ ! (30)

(Voir le supplément, p. 71 et le Manuel, p. 148 § 3).

Par la machine à la volée.

Mêmes commandements, à l'exception du 2me qui sera :
2. — Par la machine à la volée. = ENLEVEZ !

(Voir le supplément. p. 71 et le Manuel, p. 147, § 2).

École des avaries.

1re série.

(Voir le supplément, p. 82 et le Manuel, p. 95 et suivantes).

HUITIÈME THÉORIE.

Démontages.

Par la machine en grand sans amener sur le pont.

Mêmes commandements que ci-dessus (4me théorie), à l'exception du 2me qui sera :
2. — Par la machine en grand. — On n'amènera pas sur le pont. = ENLEVEZ !

(Voir le supplément, p. 71 et le Manuel, p. 143, § 1er).

Par la machine en grand en amenant sur le pont.

1. — L'affût de la $N^{ième}$ pièce est brisé.
2. — Par la machine en grand. — On amènera sur le pont. = ENLEVEZ !
3. — AMARREZ !
4. — AMENEZ ! (31),
5. — Aux palans ! (32).
6. — PALANQUEZ !
7. — AMARREZ !
8. — L'affût est remplacé.
8. — AMENEZ !
(Voir le supplément, p. 71 et le Manuel, p. 143, § 1er).

DOUZIÈME THÉORIE.

Embarquer et débarquer les canons.

Embarquer.

(Voir le supplément, p. 79 et le Manuel, p. 154, § 1er).

Débarquer.

(Voir le supplément, p. 76 et le Manuel, p. 154, § 1er).

SEIZIÈME THÉORIE.

Pointage intérieur.

En direction (33).

1. — N degrés en chasse en retraite.
2. — N encâblures.

En hauteur.

3. — Charge au 1|4, boulet plein.
4. — N degrés de bande tribord. bâbord.
5. — AMORCEZ, POINTEZ ! (34).
(Voir instruction de la Commission de 1860 distribuée à l'Escadre).

DIX-SEPTIÈME THÉORIE.

Tir convergent.

(Le pointage intérieur étant terminé.)

Feux d'ensemble.
- 1. — Feu commandé.
- 2 — Feu de bordée.
- 3. — Attention !
- 4. — FEU ! (34).

Feux à volonté.
- 1. — Feu à volonté.
- 2. — COMMENCEZ LE FEU ! (34).

(Voir instruction de la Commission de 1860 distribuée à l'Escadre).

DIX-HUITIÈME THÉORIE.

Jeter les canons à la mer.

(Voir le supplément, p. 80 et le Manuel, p. 157 § 3).

NOTA. On n'a pas donné ici les commandements relatifs à quelques manœuvres indiquées dans le sommaire, soit parce qu'elles sont employées rarement et ne comportent pas de commandements bien définis ; soit parce qu'elles ne s'emploient qu'à l'exercice de détail destiné aux arriérés. On trouvera, soit dans le manuel, soit dans le supplément ci-après, tout ce qui est relatif à ces manœuvres. Les commandements relatifs à l'école des avaries, qui ne servent qu'à l'instruction des hommes, sont également écartés du répertoire ; mais il convient cependant de les faire rigoureusement comme ils sont inscrits dans le supplément.

IV.

OBSERVATIONS sur chaque Séance de l'instruction.

Obtenir que les hommes restent immobiles jusqu'à la dernière syllabe du commandement; leur recommander la plus grande rapidité possible pour se porter à leurs postes, quelle que soit la manœuvre, et l'immobilité dès que la manœuvre est terminée.

Chaque fois qu'on enseigne un mouvement nouveau, bien expliquer aux hommes ce qu'on veut d'eux; leur donner de grands détails; les répéter souvent; le faire clairement, en peu de paroles. Ajouter toujours l'exemple au précepte; l'application doit suivre immédiatement la règle.

Lorsque le chef de batterie a une explication à donner à la batterie, il doit se porter successivement au centre de chaque division; parler lentement, distinctement; s'assurer que chacun a entendu et compris (faire exécuter immédiatement par une division en mettant l'autre « en place, repos. ») En général, il doit signaler les fautes d'une pièce, et même celles d'un homme, à toute la batterie. Les observations isolées et individuelles sont perdues pour la masse et fatiguent l'instructeur sans profit.

1er EXERCICE. — 1re PARTIE. — *Approvisionner la batterie.*

Insister pour obtenir le silence; que rien ne soit jeté sur le pont (tout doit être placé et posé avec précaution); que chacun reprenne vivement son poste, etc.. Tout cela est aussi important que difficile à obtenir.

Exercice par commandements et par temps. (Voir le manuel, p. 55, 2e édition, 1859.—C'est à cette édition que se rapportent tous les renvois). Tous les exercices commencent par cette manœuvre, indispensable pour combattre la tendance qu'ont les hommes à escamoter les mouvements; tendance qu'ils prennent inévitablement dans les exercices à volonté. Dans l'exercice par temps, le contrôle est facile ; le chef peut s'assurer d'un coup d'œil que chacun est à son poste et remplit bien toutes ses fonctions. Exiger la plus grande précision, la plus grande régularité dans les mouvements de la charge et du pointage, sans rechercher un ensemble inutile entre les pièces. Obtenir que le silence soit absolu ; que les hommes observent l'immobilité et se serrent en abord à la fin de chaque temps. Ne pas presser les mouvements au début ; la rapidité s'obtient naturellement et sans efforts, à mesure que l'instruction avance. — Tout cela est essentiel.

Rentrer les pièces, mettre en batterie. — (Voir instruction pour les exercices, etc., des batteries des gaillards des vaisseaux).

Pointages obliques et extrêmes. — (Voir instruction, etc...) — Il faut les exécuter à presque tous les exercices ; ce sont des mouvements dont on n'a jamais trop d'habitude, dont la rapidité n'est jamais trop grande. On les exécute d'abord par temps et mouvements au moyen des coins d'arrêt. Ce n'est que plus tard qu'on peut les faire à volonté et sans coins. Le temps employé à insister sur ces détails n'est pas du temps perdu. — Tenir la main à ce que les hommes marquent bien la distinction entre les pointages obliques et les pointages extrêmes. — Pour les premiers, ne rien forcer ; pour les seconds, ne pas craindre d'écorcher la peinture. Dès que les hommes savent bien exécuter ces pointages, on les leur indique quelquefois dans le tir à volonté, afin qu'ils apprennent à remettre les pièces à même d'être chargées, mouvement très-important.

Bâbord tirant à volonté, ouvrir le feu. — (Voir le Manuel, page 70). Lorsque le feu est ouvert d'un bord, si l'on fait armer l'autre, cela suppose qu'on est pressé d'y ouvrir le feu ; c'est pourquoi, du bord qui désarme on laisse les pièces comme elles sont, en batterie ou non. Le feu étant ouvert des deux bords, au contraire, si l'on fait armer un seul bord, le bord qui désarme prend le temps de mettre en batterie avant de rallier l'autre bord où le feu est déjà ouvert. Dans ce cas, il y a moins d'urgence que dans le premier et le principe général veut que dans une deuxième batterie, aucune pièce ne soit abandonnée sans être chargée, mise en batterie et amarrée (Voir les observations du Manuel, p. 180, § 50).

Le commandement « armez tribord » ! Se fait ordinairement quand toutes les pièces venant de tirer sont au recul. On attend, pour faire le roulement, que tous les servants aient rallié tribord. On vérifie si les pièces de bâbord sont chargées, amarrées, les roues calées, si tout est en place et en ordre. Pour faciliter cette vérification on n'ouvre pas le feu à tribord dans les premiers temps de l'instruction.

Toutes les fois qu'on fait changer de bord, ne pas oublier de donner les indications relatives au pointage et au tir; exiger que les hommes restent immobiles jusqu'à ce que ces indications leur aient été données.

Dans ce mouvement et autres semblables, ne jamais laisser tirer plus d'un ou deux coups à volonté. Les tirs à volonté prolongés sont très-nuisibles à l'instruction; ils fatiguent, ennuient les hommes et les habituent à la négligence et à la mollesse sans aucun profit.

On peut faire aussi le commandement « armez tribord »! au moment où toutes les pièces (ou au moins le plus grand nombre), viennent d'être remises en batterie. De même, le commandement de « Roulement »! se fera, tantôt quand toutes les pièces de tribord seront au recul, tantôt quand elles seront toutes en batterie.

Dans cette manœuvre et autres semblables, lorsqu'on a commencé (bâbord armé), il faut exécuter la manœuvre analogue (tribord armé) et ainsi de suite plusieurs fois alternativement, sans jamais répéter le même mouvement dans les mêmes conditions, à moins qu'il ne se soit produit une erreur grave qn'on veuille rectifier.

2e PARTIE. *Amarrer à garans doublés, d'un bord.*—(Voir manuel, p. 140, § 14; instruction, etc... et ancien manuel, 1854, p. 218, § 12).

Recommander le silence et la lenteur. Un amarrage ne doit pas être rapide, mais très-souqué et très-régulier. Faire amarrer d'abord un seul palan, puis ensuite l'autre. Ne mettre le palan de retraite en ceinture que quand les hommes savent faire parfaitement l'amarrage. Quand on le met, c'est en vertu d'un commandement spécial, qui se fait seulement quand les palans de côté sont amarrés, autrement les hommes se gênent mutuellement et font mal. Exiger que les garans soient absolument raides, c'est-à-dire qu'un homme en les molestant, ne puisse leur imprimer aucun mouvement.

Quand les palans sont amarrés et les hommes au recul, vérifier chaque amarrage successivement ainsi qu'il suit:—Voir si la partie basse du sabord est relevée et crochée, tous les ustensiles à poste, les roues calées, la volée appuyant sur la partie basse, les deux têtes de flasques touchant le bord. Les garans en éventail, bien à plat sur le métal de la culasse, les trois tours bien souqués au ras de la plate bande. Saisir, à deux mains, le courant du dernier garan d'en dessous, de chaque côté du bouton, près des trois tours ; molester fortement : si l'amarrage n'est pas bien souqué, ce courant prendra beaucoup de mou et permettra même de décapeler un tour de bouton. Pousser ensuite en avant le dernier des trois tours de bridure, il cédera facilement. L'amarrage n'est suffisamment raide que quand il résiste à ces épreuves.

Mettre aux postes pour larguer dans les cas divers (Voir Manuel, p. 187). — Ce mouvement est très utile pour habituer les hommes à reconnaître leurs postes. Il faut le répéter très souvent et vérifier chaque fois si chacun est réellement à son poste. La vérification est facile et prompte.

Sortir de batterie. — Dans les premiers temps, faire exécuter ce mouvement par commandements, en détaillant et en rectifiant les positions ; habituer les hommes à se porter rapidement hors de batterie. Plus tard on n'emploie plus que des coups de baguette.

2me EXERCICE.

1re PARTIE. *Exercice par commandements et par temps.* — Les observations que l'instructeur doit faire portent sur les mouvements qui s'exécutent mal, et qu'on n'obtient corrects qu'après beaucoup de temps et de soins. Ces mouvements sont énumérés ci-après.

3e *commandement. Pointez !* 1er *temps.* — Embarrer les deux anspects ensemble et vivement sous la culasse ; soulager la culasse immédiatement en grand jusqu'à ce que les doigts du chef reposent sur le métal ; amener alors, lentement, graduellement, sans arrêt ni secousse jusqu'au 2e temps.

2e *temps.* — Débarrer vivement les anspects et les embarrer aussitôt et ensemble sous les queues de flasque.

4e *Commandement. Feu !* 1er *temps.* — Sauter vivement au palan de retraite ; palanquer à courir ; bien caler les roues ensemble (très important) ; reprendre vivement les postes, face au sabord. 2e *temps.* — Exiger que les mouvements de mettre la pièce à même d'être rechargée, soient toujours faits. A cet effet, les servants des anspects embarrent sous la culasse et la soulagent, le chef déplace le coin de mire ; puis les servants embarrent aux flasques et le chef fait signe de porter l'affût un peu sur l'arrière et ensuite un peu sur l'avant (très-important).

5ᵉ *Commandement. Ecouvillonnez !* 1ᵉʳ *temps.* — Les chargeurs lestes à sauter à la volée, le 1ᵉʳ de droite prompt à s'effacer pour laisser passer la hampe de l'écouvillon; — le 2ᵉ de droite, très-leste à envoyer l'écouvillon (exiger que l'écouvillon soit envoyé en toutes circonstances; les hommes sont toujours portés à n'envoyer que le refouloir, l'usage étant de ne pas écouvillonner réellement dans les exercices pour ménager les écouvillons). 2ᵉ *temps.* — Exiger que le dernier de droite présente le bouton de l'écouvillon au-dessus de la baille (qui doit toujours être à sa portée) et fasse le simulacre de le laver, frotter et essuyer avec la main (très-important).

6ᵉ *Commandement. La charge dans le canon !* Exiger que le pourvoyeur présente le gargoussier ouvert et que le premier de gauche y prenne lui-même la gargousse; que le chargeur ait la main devant la bouche de la pièce; que le pourvoyeur aille au passage et prenne la file derrière ceux arrivés avant lui.

Quel que soit l'état de l'instruction, on commence toujours la séance par deux tours de cet exercice. Au début, on recommence tous les mouvements mal faits; ensuite, quand l'instruction est plus avancée, le premier tour est toujours lent pour bien séparer les temps et permettre une vérification, tandis que le second tour; au contraire, est très rapide de manière à lier chaque mouvement à celui qui le précède.

<h3 style="text-align:center">3ᵐᵉ EXERCICE.</h3>

1ʳᵉ Partie. *Faire changer les servants mobiles.* — La répétition rapide des mêmes mouvements est le seul moyen d'apprendre aux hommes leurs postes. En peu de temps on peut exécuter un grand nombre de fois les armements et manœuvres des deux bords, la vérification des postes est facile, ce qui n'a pas lieu quand on manœuvre réellement les pièces. Les commandements doivent se suivre rapidement, et les hommes vont toujours à la course. Au début de l'instruction, on doit faire l'appel par numéro à chaque pièce, au premier tour de cet exercice, afin de s'assurer que les hommes sont réellement présents aux postes assignés.

<h3 style="text-align:center">6ᵐᵉ EXERCICE.</h3>

2ᵉ Partie. *Palans de retraite en ceinture.* — Exiger que les tours soient raidis, l'un après l'autre. On s'en assurera, en prenant tous les garans ensemble à deux mains, au milieu de l'intervalle des deux poulies; on ne doit pouvoir lever ni abaisser.

7me EXERCICE.

2ᵉ Partie. *Amarrage à longueur de brague d'un bord.* — (Voir Manuel, p. 121, et Instruction, etc.)

Exiger que les pièces soient rentrées ou mises en batterie de la quantité strictement nécessaire pour capeler ou décapeler la brague, que le chef monte sur la queue des flasques pour croiser la brague; que tous les servants donnent la main à faire courir la croisure vers la volée, en hâant également le mou de chaque côté; et à la ramener ensuite vers la culasse (même observation pour larguer l'amarrage); que les roues soient calées bien en plein et non obliquement.

8me EXERCICE.

1ʳᵉ Partie. *Suivre le pointage.* — (Voir Instruction, etc....) Observer si chaque pièce parcourt tout son champ de tir latéral régulièrement, sans secousse, sans faire sauter la culasse; si le chef suit bien sa ligne de mire pendant tout le temps; si le dernier de gauche dégage le palan de retraite sous les pieds du chef; si le dernier de droite fait suivre le mouvement de la pièce à l'écouvillon et au refouloir.

9me EXERCICE.

1ʳᵉ Partie. *Tir à longueur de brague des deux bords.* — (Voir supplément, page 55). Il faut remarquer que ce tir est deux fois plus rapide que le tir ordinaire des deux bords, même quand l'armement des pièces est réduit de moitié; mais qu'il ne peut s'employer qu'à petites distances et dans des circonstances spéciales. On obtient un feu à volonté rapide d'un bord, tout en continuant à tirer rapidement à longueur de brague de l'autre; et cette dernière combinaison qui peut trouver des applications fréquentes, est bien supérieure au tir ordinaire des deux bords. Il y a donc de l'intérêt à rompre les hommes au tir à longueur de brague et à toutes ses combinaisons.

10me EXERCICE.

1ʳᵉ Partie. *Pointages à toute volée et à couler bas.* — (Voir supplément, page 59, et pointage, etc...) Il faut exercer les hommes aux pointages extrêmes en hauteur, comme aux pointages extrêmes en direction, tout en remarquant que ces derniers sont beaucoup plus importants. Ces pointages extrêmes en hauteur doivent être faits d'une manière uniforme et régulière. Les coins de mire doivent être marqués pour indiquer les limites que les chefs de pièce ne doivent pas dépasser.

11ᵐᵉ EXERCICE

2ᶜ Partie. *Traverser en vache.*— (Voir supplément, page 62). Insister sur cette manœuvre au détail, par temps et mouvements; elle ne peut réussir à volonté sans trouble et sans accidents, avant que chaque mouvement de détail n'ait été bien étudié et bien compris. La méthode nouvelle proposée, ou l'on fait tout à la main, doit toujours être employée de beau temps préférablement à l'ancien procédé.

Quand la pièce est traversée : vérifier si la pièce est bien en position pour l'amarrage, les fusées d'en dehors touchant le bord ; la masse de mire répondant à environ cinq centimètres en avant de la face avant du sabord, le coin de mire enlevé ; la plate-bande de culasse reposant sur le milieu du coussin ; les roues d'en dedans calées.

12ᵐᵉ EXERCICE.

1ʳᵉ Partie. *Tir précipité.*— (Voir supplément, page 67). On peut faire le simulacre du tir, même quand on ne possède pas l'installation réglementaire (taquets mobiles, crochets de coussin) ; mais on doit avoir soin de prévenir qu'un feu exécuté dans ces conditions n'aurait aucune efficacité.

14ᵐᵉ EXERCICE.

1ʳᵉ Partie. *A plat pont.*— (Voir supplément, page 69). Ce mouvement doit être employé : 1° toutes les fois qu'on a préparé à l'avance un pointage ou un feu d'ensemble ; 2° toutes les fois que dans le combat le feu est momentanément suspendu.

15ᵐᵉ EXERCICE.

1ʳᵉ Partie. *Feux de file, feux d'ensemble.*— Dans les feux de file ou les feux d'ensemble successifs, on se propose d'obtenir un feu roulant, plus ou moins nourri, en espaçant régulièrement les premiers coups dans l'intervalle de temps jugé nécessaire pour tirer, charger, et pointer une pièce. L'intervalle entre deux coups consécutifs devrait être plus ou moins long, selon le genre de feu commandé. Or, la règle habituellement suivie, prescrit à chaque pièce de faire feu quand on passe l'écouvillon à la pièce qui la précède. Cela est évidemment vicieux ; car le feu de file par section serait terminé en quelques secondes et le bâtiment qui l'emploie resterait assez longtemps dégarni de feux. Il en serait de même du feu de batterie.

L'expérience ayant prouvé qu'on ne tire guère qu'un coup en 72 secondes pendant les feux rapides, il faut répartir ce temps entre les diverses pièces ou fractions de batterie. Ainsi, dans le feu de file par batterie, on peut continuer à suivre l'ancienne règle et chaque pièce fera feu, dès que la pièce voisine fera passer l'écouvillon si le feu commence par l'avant ou par l'arrière. Mais si le feu commence par les deux pièces du centre, il faudra augmenter l'intervalle et attendre que la pièce voisine retire l'écouvillon de la pièce. En d'autres termes, on mettra 4ˢ d'intervalle dans le premier cas et 8ˢ dans le second (on suppose que la batterie compte 18 pièces armées). Dans le feu de file par division, comme dans le deuxième cas précédent : 8ˢ d'intervalle ; feu de file par section : 16ˢ d'intervalle.

Dans les feux d'ensemble successifs, les chefs de section, de division et de batterie, doivent se conformer au même principe.

Feu de section, 6ˢ d'intervalle (pour un vaisseau à 2 ponts).

Feu de division, 12ˢ.

Feu de batterie, 24ˢ.

Il est bien entendu que ces chiffres n'ont rien d'absolu et qu'il faut les apprécier à peu près, sans s'attacher à obtenir une exactitude minutieuse.

16ᵐᵉ EXERCICE.

2ᵉ Partie. *Amarrer en vache.*— S'assurer que chaque palan est régulièrement amarré et parfaitement souqué, avant de faire amarrer le suivant. L'amarrage terminé, vérifier si tous les ustensiles sont à postes, les roues calées, le coussin enfoncé à bloc, etc...

1ʳᵉ THÉORIE.

Pour la théorie à faire aux chefs de pièces, (voir, questionnaire du matelot canonnier, livre V du Manuel). Pour l'exercice au détail des servants et des arriérés (Voir pointage et chargement des pièces de mer).

2me THÉORIE.

(Voir Manuel, Livre IV.

3me THÉORIE.

Le tir à la bougie se fait au moyen d'une installation établie par M. le lieutenant de vaisseau Juin, à bord du Donawerth (1858). Un canon de fusil ou de carabine est assujetti fortement sur une pièce, de façon que sa ligne de mire se confonde avec la ligne de mire naturelle de la pièce. Un cordon sert à faire tomber le chien de la batterie du fusil sur une capsule, de sorte qu'une bougie, placée à la distance habituelle est éteinte, quand la pièce est bien pointée. Au moyen de cette ingénieuse et utile installation, qui mériterait de devenir réglementaire, on peut même tirer à la cible, à balles, à diverses distances.

On peut aussi employer la mire mobile oscillante, ou un simple point noir collé sur sur une cloison. Mais quel que soit le moyen dont on dispose, le chef de batterie doit développer les principes de tir, expliquer la graduation des hausses, faire pointer et appliquer les règles de tir par les chefs de pièce (Voir pointage, etc. . . .)

4me THÉORIE.

Démontages.—(Voir supplément, page 71). Exiger que la pièce soit exactement présentée à l'aplomb des pitons avant de commencer l'opération (très-important). Profiter de l'occasion pour gratter et suiver les encastrements et les tourillons, s'il y a lieu.

École des avaries. —1re série. (Voir supplément, page 83.) Une pièce étant armée et complète, indiquer le pointage, ouvrir le feu et commencer à signaler les avaries dans l'ordre convenu. A mesure que l'instruction avance, exiger que les réparations soient faites plus rapidement, sans hésitation et que le tir soit repris sans interruption.

6me THÉORIE.

École des avaries.— 2me série (Voir supplément, page 82).

8me THÉORIE.

Démontages par la machine en grand.— (Voir supplément, page 71).
École des avaries.—3me série (Voir supplément, page 89).

10me THÉORIE.

École des avaries.— 4me série (Voir supplément, page 91).

12ᵐᵉ THÉORIE.

Embarquement et débarquement des canons. — (Voir supplément, page 76 et 76 manuel, page 153, ch. III).

École des avaries. — 5ᵐᵉ série (Voir supplément, page 94).

14ᵐᵉ THÉORIE.

École des avaries. — 6ᵐᵉ série (Voir supplément, page 98).

16ᵐᵉ THÉORIE.

Pointage intérieur. Réunir les chefs et chargeurs à deux pièces qu'ils arment, (les instructeurs présents): expliquer les principes du pointage en direction; montrer comment les règles sont graduées; faire exécuter plusieurs pointages par chaque homme successivement. Cela fait, procéder de même pour le pointage en hauteur.

17ᵐᵉ THÉORIE.

Pointage intérieur et tir convergent. — La batterie entière étant armée, expliquer les sonneries et signaux de convention, les divers modes de tirs et de feux; les faire exécuter à chaque division, puis ensuite à toute la batterie. Les instructeurs et surveillants vérifient chaque pointage.

18ᵐᵉ THÉORIE.

Jeter les canons à la mer. — (Voir supplément, page 80 et manuel, page 157, § 3).

École d'intonation. — Réunir les chefs et chargeurs d'une division (avec les instructeurs) sur deux rangs. L'instructeur fait un commandement et tout le peloton répète ensemble en imitant l'accentuation. Faire répéter le même commandement jusqu'à ce que la prononciation et l'intonation soient uniformes et correctes. En général, on prendra pour exemple l'exercice par commandements et par temps.

19ᵐᵉ THÉORIE.

Pièces de chasse, en chasse, etc. — On ne peut prescrire rien d'absolu, les dispositions à prendre diffèrent d'un bâtiment à l'autre, et le chef de batterie doit les étudier sur place et arrêter une méthode pour sa batterie.

20ᵐᵉ THÉORIE.

(Voir le livre V du manuel).

Marquer les écouvillons et refouloirs. — (Voir supplément, page 69).

Observations sur les Commandements.

1. Ce commandement est fait dans les exercices généraux aussitôt qu'on bat le rappel accéléré, mais dans les exercices simples on ne le fera qu'après le mouvement de « COMPLÉTER. »

2. L'appel est recueilli par les 2mes maîtres, qui rendent compte aux chefs de division et ceux-ci au chef de batterie.

3. Si la batterie doit manœuvrer par escouades, le chef de batterie répartit les pièces entre les escouades aussitôt qu'elles sont numérotées. L'escouade du centre arme aussitôt l'autre bord pour dégager la batterie. On sait qu'à moins d'ordre, particuliers, une deuxième batterie arme toujours bâbord au rappel.

4. Dans le cours de l'instruction, ce commandement d'avertissement doit toujours précéder l'exercice des pointages obliques et extrêmes.

5. Pour l'exécution de ce commandement qu'il est nécessaire de faire de temps à autre, voir instruction, etc...

6. L'ordre dans lequel ces indications sont données n'est nullement arbitraire, mais imposé par la nature des choses, il est important de suivre toujours cet ordre. On devra d'ailleurs faire varier souvent les indications elles-mêmes.

7. Le commandement de « POINTEZ ! » serait suffisant dans beaucoup de cas. Mais, dans le tir, il est de règle qu'à la suite de tout roulement ou changement de bord, les chefs de pièces désamorcent. Il est donc utile que le commandement leur rappelle qu'il faut amorcer de nouveau avant de pointer.

8. Les hommes se placent sur deux rangs, la droite en tête faisant face au sabord, à trois pas en arrière du bouton de culasse, Lorsqu'on fait les amarrages des deux bords, les hommes se placent sur un rang seulement.

9. Le commandement se fait quand on a constaté que tous les hommes sont rendus à leurs postes.

10. Lorsque les hommes ont acquis une certaine habitude de ces mouvements on se borne à indiquer la charge et le pointage; puis on fait ouvrir le feu comme si les pièces n'étaient pas amarrées.

11. Ce commandement se fait après qu'on a vérifié tous les amarrages en présence des hommes, et indiqué à chaque pièce ce qui est mal fait.

12. Dans les exercices, chaque fois qu'on change de bord ou qu'on arme les deux bords, ne pas oublier de donner les indications pour le pointage et le tir, au bord qui n'a pas ouvert le feu. C'est là un oubli très-fréquent qui fait prendre de mauvaises habitudes aux chefs de pièce.

13. On confond souvent ce commandement avec « ARMEZ TRIBORD. » Ce dernier se fait quand un seul bord est armé, tandis que le premier ne s'emploie que quand les deux bords sont armés.

14. Attendre, pour faire le roulement, que toutes les pièces de bâbord soient en batterie et amarrées et que tous les servants aient rallié tribord.

15. Toutes les pièces sont mises en batterie et amarrées des deux bords, après quoi les servants mobiles rejoignent les pièces des chefs titulaires. C'est seulement après l'exécution de ces mouvements, qu'il convient de faire le 2me commandement.

16. Attendre qu'on ait vérifié si tous les hommes sont à leurs postes, avant de faire le 2me commandement.

17. Même observation que la précédente. A mesure que les hommes se forment, les commandements se suivent avec plus de rapidité.

18. Il est convenu que quand on ne désigne pas la manière, c'est toujours la première qui est employée.

19. Cet exercice se fait d'abord au repos, et dans ce cas on commande premièrement :

1° Aux palans de retraite.

2° PALANQUEZ !

C'est seulement quand les pièces sont au recul qu'on fait le commandement :

1. A longueur de brague. =AMARREZ !

Plus tard on fait cette manœuvre dans le cours du feu et alors on profite du moment où le feu vient de s'ouvrir et où toutes les pièces sont au recul pour faire le commandement.

20. Lorsque le nombre de coups n'est pas indiqué on tire toujours trois coups.

21. Lorsque la manière n'est pas indiquée on emploie toujours la deuxième.

22. Ces pièces s'alignent au recul pour ne pas gêner la manœuvre et voir comment elle se fait. Ces mouvements et autres semblables servent transitoirement à l'instruction et n'ont pas d'autre usage.

23. Ce commandement est fait par le commandant et répété par le chef de batterie.

24. A ce commandement répété par le seul chef de la 1re batterie, le chef de section commande : N^{ième} section. =FEU ! les autres chefs de section l'imitent en observant l'intervalle convenable.

25. Même observation que la précédente, pour les chefs de division.

26. Le premier commandement est répété par tous les chefs de batterie, après quoi le commandant ajoute : COMMENCEZ LE FEU ! On ne répète pas, et le chef de la 1re batterie exécute les 2e et 3e commandements. Les autres l'imitent en observant l'intervalle convenable.

27. Ces commandements du commandant, sont répétés par tous les chefs de batterie.

28. Ce commandement est fait quand les deux palans de côté sont amarrés.

29. Ce commandement est fait quand l'affût a été retiré de dessous la pièce et porté au recul.

30. Ce commandement est fait quand l'affût est parfaitement présenté sous la pièce ; les encastrements droits à l'aplomb des tourillons.

31. Ce commandement est fait quand l'affût est retiré de dessous la pièce et les chantiers disposés.

32. Ce commandement est fait quand les palans sont disposés.

33. Laisser un intervalle convenable entre le 2e et le 3e commandements,

afin que les indications du pointage en direction ne se confondent pas avec celles du pointage en hauteur.— Les premières doivent être à peu près exécutées quand on donne les secondes.

34. Tous ces commandements faits par le commandant, sont répétés successivement par les chefs de batterie.

7 *(bis)*. Comme on est pressé, les commandements se font un peu plus rapidement qu'à l'ordinaire, on peut supprimer celui d'amorcez, pointez! et commander: COMMENCEZ LE FEU! aussitôt qu'on a donné les indications relatives au pointage.

V

SUPPLÉMENT AU MANUEL.

PREMIÈRE PARTIE. — MANŒUVRES ET MOUVEMENTS DIVERS.

Première Section. — Mouvements divers.

1. Tir à longueur de brague d'un bord et des deux bords.
2. Pointages à toute volée et à couler bas.
3. Marquer les coins de mire.
4. Amarrage en vache. { procédé ordinaire. / nouveau procédé.
5. Tir précipité. { exercice. / observations.
6. Faire coucher tout le monde.
7. Marquer les écouvillons et refouloirs.

Deuxième Section. — Manœuvres de force.

1. Démontage (par la machine en grand, en amenant sur le pont).
2. Embarquer et débarquer les canons.
3. Jeter un canon à la mer.

<table>
<tr><td></td><td>DÉTAIL.</td></tr>
</table>

Première Section. — Mouvements divers.

1. TIR A LONGUEUR DE BRAGUE D'UN BORD ET DES DEUX BORDS *(le feu étant ouvert à volonté).*

Ouvrir le feu à volonté.

1. Charge au 1|4, boulet plein.

2. 2 encâblures, en chasse.

On supposera bâbord armé.

3. Amorcez, pointez!

4. A volonté, commencez le feu!

On ouvre le feu à volonté.

Continuer le feu à longueur de brague d'un bord.

1. A longueur de brague.=Continuez le feu!

Si la pièce est au recul, on l'amarre aussitôt que la charge est terminée. Si elle est en batterie, on tire le 1er coup comme elle est; la pièce rentre seule et on l'amarre après la charge.

Continuer le feu à longueur de brague d'un bord, en armant l'autre bord.

1. A bâbord, à longueur de brague.= Continuez le feu!

2. Armez tribord.= Heup!

Les trois premiers servants de droite restent à bâbord et continuent le feu, tous les autres servants passent à tribord.

Ouvrir le feu à volonté de l'autre bord.

1. A tribord, charge au 1/4, boulet plein

2. Tir horizontal, en belle.

3. A volonté.=Commencez le feu!

| COMMANDEMENTS. | DÉTAIL. |

Continuer le feu à longueur de brague des deux bords.

1. A tribord, à longueur de brague.=Continuez le feu !

Aussitôt que l'amarrage est terminé la file de droite rejoint le chargeur ; la file de gauche reste avec le chef et le feu continue des deux bords, à longueur de brague.

Nota. Toutes les fois que les pièces sont amarrées à longueur de brague des deux bords, la file de droite rallie le chargeur et la file de gauche le chef titulaire, sans commandement.

Continuer le feu à longueur de brague d'un bord et le reprendre à volonté de l'autre bord.

1. A tribord, à longueur de brague.= Continuez le feu !
2. A bâbord, à volonté =Continuez le feu!

Le chef de pièce, avec les deux premiers de gauche, continue le feu à tribord, le reste de la file de gauche rejoint le chargeur à bâbord, l'amarrage est largué, la pièce mise en batterie et le feu continue à volonté.

Mouvement inverse.

1. A bâbord, à longueur de brague. - Continuez le feu !
2. A tribord, à volonté. = Continuez le feu !

Les pièces de bâbord sont amarrées à longueur de brague, les trois premiers servants de droite seulement y restent pour continuer le feu. Tous les autres servants rejoignent à tribord, le chef de pièce qui largue l'amarrage et continue le feu à volonté.

Reprendre le feu à longueur de brague des deux bords.

1. A tribord, à longueur de brague.= Continuez le feu !

L'amarrage terminé, la file de droite rejoint le chargeur à bâbord.

| COMMANDEMENTS. | DÉTAIL. |

Suspendre le feu des deux bords.

Roulement !

Les pièces sont chargées si elles ne l'étaient pas, et chaque file reste de son bord sans larguer l'amarrage.

Nota. Si l'on veut cesser le feu complètement, on commandera après le roulement « En batterie partout ! » L'amarrage sera largué et les pièces mises en batterie, après quoi on fera rallier tout le monde d'un bord.

Rouvrir le feu des deux bords.

1. Charge au 1|4 boulet plein.
2. Tir horizontal, en belle.
3. Des deux bords, à longueur de brague = Commencez le feu !

Continuer le feu à longueur de brague d'un bord, et l'ouvrir à volonté de l'autre bord.

1. A bâbord, à longueur de brague.= Continuez le feu !
2. A tribord, à volonté. = Commencez le feu !

Les troisièmes et premiers servants de droite seulement à bâbord.

Faire rallier tout le monde d'un bord.

1. Canonniers, tous à bâbord.=Heup !

L'amarrage est largué, les pièces sont chargées et mises en batterie ; puis tout le monde se porte à bâbord où l'amarrage est largué et le feu repris à volonté, sans commandement.

Si l'on avait commandé, au contraire « Canonniers, tous à tribord ! », les pièces de bâbord eussent été abandonnées telles qu'elles, après la charge par les trois premiers servants de droite.

COMMANDEMENTS.	DÉTAIL.

Cesser le feu.

Roulement !

L'amarrage est largué, les pièces sont chargées et mises en batterie sans autre commandement.—Si les pièces de l'autre bord sont encore amarrées à longueur de brague, on se portera de ce bord pour larguer et mettre en batterie, après quoi on ralliera le bord armé.

II. POINTAGE A TOUTE VOLÉE ET A COULER BAS.

(Voir pointage, etc.)

Pointer à toute volée.

1. A toute volée. =
Pointez !

1er *Temps.* Les servants chargés des anspects embarrent sous la culasse et la soulagent, le chef enlève le coussin et le passe au dernier servant de droite qui le porte au recul. Le chef place le coin de mire à sa marque, puis il prend le bouton de culasse à deux mains, prêt à accompagner la pièce sur le coin de mire.

2me *Temps.* Les servants chargés des anspects débarrent ensemble et la culasse descend à son poste.

Nota. Le mouvement de débarrer les anspects ensemble est très-important. S'il n'est pas bien exécuté, l'un des anspects est pris entre la culasse et le flasque où l'on perd beaucoup de temps.

Remettre la pièce horizontale.

1. Tir horizontal. =
Heup !
(Ou roulement).

1er *Temps.* Le 3me de droite prend l'anspect, engage le petit bout sous le bouton de culasse et le fait reposer sur le flasque de gauche entre le piton de culasse et le 1er adent, puis aidé du 4me il saisit le gros bout de l'anspect prêt à soulager la culasse. En même temps, le 3me

<table>
<tr><th>COMMANDEMENTS.</th><th>DÉTAIL.</th></tr>
</table>

de gauche présente son anspect sur le 1er adent, prêt à embarrer dès qu'il y aura du jour entre la pièce et l'adent.

2me *Temps.* Les servants de droite soulagent la pièce et ceux de gauche embarrent dès qu'ils le peuvent ; tandis que le chef de pièce enfonce le coin de mire, de can, sous la culasse. Dès qu'il est totalement enfoncé, les servants de droite retirent l'anspect et l'embarrent sur le 1er adent de droite.

3me *Temps.* Les servants de chaque côté soulagent la culasse en grand. Le chef remet en place le coussin, qui lui est remis par le dernier servant de droite, et place le coin de mire à plat par dessus. La culasse est alors amenée et les anspects sont débarrés.

Pointer à couler bas.

Les servants chargés des anspects, embarrent sous la culasse et la soulagent en grand, ceux de droite débarrent les premiers pour embarrer sur le 2me adent, et ceux de gauche imitent ce mouvement, s'il est nécessaire. Pendant ce temps, le chef de pièce dispose les coussin et le coin de mire (de can) à leur marque. La culasse est alors amenée et les anspects débarrés.

Remettre la pièce horizontale.

Les servants chargés des anspects, embarrent sur le 2me adent et soulagent la culasse. Le chef de pièce dispose le coussin pour le tir horizontal. On amène un peu la culasse et le chef la soutient avec le coin de mire, pour que les anspects puissent débarrer ensemble et embarrer sur le 1er adent. Après ce mouvement, la culasse est de nouveau soulagée, le coin de mire disposé pour un tir

COMMANDEMENTS.	DÉTAIL.

horizontal, après quoi la culasse est amenée et les anspects débarrés.

III. MARQUER LES COINS DE MIRE.

Pour le tir à toute volée.

Rentrer la pièce jusqu'à ce que la tranche de la bouche corresponde au milieu de l'épaisseur de la muraille. Laisser tomber la culasse jusqu'à ce que le bourrelet touche le sommier du sabord. Enfoncer le coin de mire sous la culasse. Palanquer au recul et mettre en batterie, pour vérifier si dans cette position la pièce passe librement sans choquer le sommier. Marquer alors sur une des faces verticales du coin de mire, le point où porte la culasse (cette marque est ensuite transformée en un cran régulier, peint en blanc, mais très-peu profond).

Nota. Dans les exercices, il est bon de ne pas dépasser le pointage ainsi obtenu; mais si dans le tir aux grandes distances, il ne faut pas craindre de laisser tomber la culasse jusque sur la sole s'il est nécessaire, lorsque la pièce viendra au recul, la culasse se soulèvera naturellement et retombera de même, sans qu'il en résulte aucune avarie.

Pour le tir à couler bas.

Rentrer la pièce jusqu'à ce que la tranche de la bouche corresponde au milieu de l'épaisseur de la muraille. Soulever la culasse jusqu'à ce que le bourrelet touche le seuillet du sabord. Placer le coussin de manière que sa face arrière effleure l'extrémité de la sole; enfoncer le coin de mire (de can) sous la culasse. Palanquer au recul et mettre en batterie, pour vérifier si dans cette position, la pièce passe librement sans choquer le seuillet. Marquer alors par une coche sur une des arêtes du coin de mire, le point où porte la culasse.

COMMANDEMENTS.	DÉTAIL.

Nota.—Dans le tir, comme dans les exercices, il est indispensable de ne pas dépasser le pointage ainsi obtenu, car il peut en résulter des avaries sérieuses pour l'affût.

IV. AMARRAGES EN VACHE.

(Procédé ordinaire (en rentrant la pièce)

1. Traverser en vache (à tribord).

1. En vache. = Traversez !

1er *Temps*. Au palan de retraite, décrocher les palans de côté ; rentrer la pièce jusqu'à ce que la tranche de la bouche réponde à la face intérieure de la muraille, caler la roue de gauche sur l'avant ; engager les anspects dans les anneaux carrés ; décrocher le palan de retraite; ranger tout le monde sur les anspects.

2. La culasse.= Traversez !

2me *Temps*. Le premier de gauche pèse des deux mains sur le coin d'arrêt, pour l'empêcher de glisser. On traverse la culasse à toucher le bord, d'un seul mouvement. Le premier de gauche décale la roue dès que la volée a paré le montant du sabord ; il croche la poulie simple du palan de l'avant, à l'estrope de fusée capelée à l'essieu de l'avant.

Nota.—1°Le mouvement est manqué lorsque le coin d'arrêt glisse; la volée va heurter la muraille; 2° la pièce court beaucoup trop sur l'arrière ; 3° la volée reste très éloignée du bord ; elle est très-dure à palanquer au temps suivant ; enfin, il faut revenir encore une fois à la culasse pour achever de la traverser.

La volée. = Traversez !

3me *Temps*. Envoyer tout le monde au palan de l'avant, à l'exception du chef et des 3es servants, qui contretiennent sur la queue des flasques au moyen des anspects ; palanquer la volée à toucher le bord. Achever de traverser la culasse à toucher le bord ; rectifier la position de la pièce en mettant les fusées d'essieu par le travers des montants du sabord. La culasse doit reposer sur le milieu du coussin seul ; caler les roues, hâler le mou de la brague sur l'arrière.

NOTA.—Il ne faut pas trop contretenir la culasse pendant qu'on traverse la volée, parce que cela gêne le mouvement. Il vaut même mieux la laisser aller à sa demande, sauf à la traverser une seconde fois, quand la volée est à toucher le bord. Pour aider à traverser la volée, on peut aussi engager un anspect dans l'âme ; la file de l'avant se range sur l'anspect et sur la volée, tandis que l'autre file agit sur le palan. Mais ce palan appelle mal, et le mouvement est souvent très-pénible.

2. Remettre en batterie (à tribord).

Pour remettre en batterie. = Disposez!

1er *Temps*. Engager un anspect dans l'âme, de manière que son petit bout déborde la tranche de 20 centimètres seulement ; y capeler une estrope de fusée, crocher dans cette estrope la poulie double du palan de côté de l'avant, dont la poulie simple est crochée à la boucle de retraite. Crocher la poulie double du palan de retraite au piton de manœuvre de l'avant, et sa poulie simple à la boucle de retraite. Ranger tout le monde au palan de la volée et palanquer de manière que le bourrelet soit écarté de 80 centimètres à 1 mètre de la muraille Faire mordre le garan du palan et ranger tout le monde au palan de retraite. Engager l'anspect qui reste dans l'anneau carré de l'avant.

NOTA.—Le manuel prescrit d'écarter la volée du bord, de 1m. 50. C'est beaucoup trop ; il en résulte un travail inutile. Si peu que la volée soit écartée de la muraille elle ne saurait toucher le bord tant que le palan de volée est raide.

COMMANDEMENTS.	DÉTAIL.

En batterie.= Heup !

2ᵐᵉ *Temps.* Palanquer le palan de retraite à courir, jusqu'à ce que la volée puisse parer le montant du sabord ; larguer alors le palan de volée et le décrocher. Porter la pièce en batterie, à l'épaule, en la dirigeant avec l'anspect. Approvisionner la pièce et crocher les palans à leur poste.

Nota.—Le mouvement n'est rapide, que si on largue à propos le palan de volée. Si on le largue trop tôt, le mouvement est manqué et il faut le recommencer ; si on attend trop au contraire, le mouvement est très-lent.

Nouveau procédé. (sans rentrer la pièce et sans palans).

I. Traverser en vache (à bâbord).

En vache. = Traversez!

1ᵉʳ *Temps.* Décrocher les palans de côté et de retraite, embarrer les anspects dans les anneaux carrés.—Pointer en chasse extrême, au moyen de deux mouvements et en employant le coin d'arrêt s'il est nécessaire.

En arrière.=Marche!

2ᵐᵉ *Temps.* Hâler la pièce au recul, à la main et en agissant sur les anspects embarrés, jusqu'à ce que la volée puisse parer le montant du sabord ; caler alors la roue de droite sur l'avant, et traverser un peu la culasse, de manière qu'en allant de l'avant, la pièce ne rencontre pas la muraille.

En avant. =Marche !

3ᵐᵒ *Temps.* Pousser la pièce de l'avant, à la main et avec les anspects, jusqu'à ce que les fusées d'essieu se trouvent par le travers des montants du sabord ; achever de traverser la culasse ; caler les roues ; embraquer le mou de la brague vers la culasse ; enlever le coin de mire et faire reposer la culasse sur le milieu du coussin.

2. Remettre en batterie (à bâbord).

Pour remettre en bat-
terie. =Disposez !

1er *Temps*. Embarrer les anspects dans les anneaux carrés, écarter un peu la culasse du bord ; hâler la pièce en arrière, jusqu'à ce que la volée puisse parer le montant du sabord, caler la roue de droite sur l'avant.

En batterie.= Heup !

2me *Temps*. Porter la culasse sur l'avant, jusqu'à ce que la volée puisse entrer dans le sabord ; décâler la roue ; mettre en batterie à l'épaule ; puis porter la culasse sur l'avant, sans s'arrêter jusqu'à ce que la pièce soit droite au milieu du sabord. Remettre en place les palans de côté, de retraite, et le coin de mire.

3. Faire l'amarrage (avec des palans courts).

En batterie.=Amar-
rez !

Amarrer d'abord le palan de l'arrière, en passant le double du garan une 1re fois sous la fusée de l'essieu, une fois au croc, une 2e fois sous la fusée ; [faire deux tours de bridure sous la poulie simple, et deux autres tours au-dessus de cette poulie.

Amarrer le palan de l'avant de la même manière, en faisant deux tours de bridure seulement, au-dessous de la poulie simple et 2 au-dessus. Avec les bouts restants de chaque garan, faire 2 tours de croisure à la rencontre des deux palans ; arrêter les bouts par une demi-clé et une genope.

Les palans étant amarrés, enfoncer le coussin à bloc pour souquer, l'amarrage en soulageant la culasse avec les anspects.

Crocher le palan de retraite, par sa poulie double au croc à palan arrière, par sa poulie simple au croc à palan avant, bien raidir chaque tour ; capeler le double du garan au croc à palan avant et arrêter le bout par deux demi-clés.

Mettre à postes, écouvillon refouloir et anspects.

4. Traverser en vache des deux bords (Nouveau procédé).

Les pièces impaires traversent tribord premier, et les pièces paires bâbord comme à l'ordinaire, mais avant de commencer le mouvement et tandis que les 1ers servants, aidés du dernier de gauche, décrochent les palans de retraite et de côté, et engagent les anspects dans les anneaux carrés, chaque pièce va pointer en chasse, la pièce voisine à droite.

Nota.— Sans cette précaution, on serait gêné dans le mouvement de « En arrière. = Marche ! » C'est d'ailleurs ce qui arrive dans l'ancien procédé ; les pièces qui traversent les premières sont gênées par la pièce voisine (sur l'arrière), restée droite au sabord.

Remarque.— Le nouveau procédé est plus prompt, plus facile et plus sûr ; il ne présente pas les dangers de l'ancien, lorsque ce dernier est exécuté avec trop d'ardeur et sans les précautions convenables.

5. Larguer l'amarrage des deux bords et mettre en batterie.

Quel que soit le bord armé, le chef de pièce reste ou se porte à la pièce indiquée par son numéro (impair tribord, pair bâbord), avec la file de gauche ; la file de droite à la pièce de l'autre bord, avec le chargeur : on largue l'amarrage, puis tout le monde rallie le chef pour mettre sa pièce en batterie, après quoi on met en batterie celle du chargeur. — Les pièces sont approvisionnées, les ustensiles disposés et tout le monde rallie le bord armé.

COMMANDEMENTS.	DÉTAIL.

V. TIR PRECIPITÉ.

Exercice (arrêté par la Commission de 1857).

Tir précipité.=Heup! — Tous les servants, à l'exception des premiers de droite et de gauche, se portent au palan de retraite et rentrent la pièce de 30 centimètres environ. Les premiers servants relèvent le croissant et placent les taquets. Les 3es et 4es servants prennent les anspects et soulagent la culasse, pour que le chef puisse fixer le coussin à son poste. Le coin de mire est retiré et placé en abord.

Les 2es servants décrochent les poulies simples des palans de côté et les placent derrière eux contre le bord.

Le chef place la hausse à 1 1|2 encâblures B 1|4.

La pièce est poussée en batterie à l'épaule, vivement, sans arrêt et sans secousse. Le chef de pièce reste à longueur de cordon et se baisse. Les servants s'accroupissent hors de la direction des roues.

Attention! — Le chef se relève et tourne les yeux vers le chef de batterie dont la main droite levée tient un signal. Les 3es servants tiennent à la main les coins d'arrêts ; le 2me de droite saisit l'écouvillon.

Feu! — Au signal du chef de batterie, qui abaisse vivement la main droite, toutes les pièces tirent à la fois et le feu continue à volonté jusqu'au roulement.

La charge se fait d'après les prescriptions du Manuel, en tenant compte des observations jointes au présent exercice.

Roulement! — Tout est remis en place par les moyens inverses de ceux qui ont été indiqués pour la préparation du tir.

Observations.

4me Commandement: FEU!—Le chef de pièce avant de faire feu, jette un coup d'œil dans la direction de la ligne de mire, et s'il voit le but, il attend le moment favorable pour envoyer le coup (1).

Les troisièmes servants sont chargés des coins d'arrêt pendant le feu (2), ils doivent les enlever aussitôt que le rappel de la pièce au sabord est arrêté et le palan de retraite embraqué.

Les quatrièmes servants, s'il y a lieu, mettent la pièce à même d'être chargée (3).

7me Commandement: REFOULEZ! Après avoir refoulé (4) et avant de reprendre son poste, le premier servant de gauche relève le croissant (5), s'il est tombé pendant le feu.

8me Commandement: EN BATTERIE! Pour que la pièce prenne exactement la position du pointage en arrivant en batterie, il est nécessaire que l'affût vienne choquer légèrement contre le bord. Le cinquième servant de gauche, chargé de filer le palan de retraite doit être exercé à ce mouvement.

NOTA.—Dans l'exercice qui précède, on suppose que le premier coup est tiré en feu de bordée et il en sera généralement ainsi. Mais on peut aussi ouvrir le feu à volonté, en faisant simplement le commandement: « COMMENCEZ LE FEU! »

REMARQUES.—1. C'est pour cela que le curseur est placé à l'avance à 1 1|2 encâblures.

2. Afin que le 2me de droite soit plus leste à faire passer l'écouvillon.

<table>
<tr><td>COMMANDEMENTS.</td><td>DÉTAIL,</td></tr>
</table>

3. Cela ne s'entend que de la direction, car la pièce ne saurait se déranger en hauteur.

4. On ne refoule qu'un coup.

5. La secousse du tir fait souvent tomber le croissant ; mais pour l'empêcher on garnit ce dernier d'une petite lanière, qui se boutonne à un clou fixé sur l'entretoise.

VI. FAIRE COUCHER TOUT LE MONDE.

A plat-pont.=Heup !

Lorsqu'on a préparé d'avance un feu commandé, le chef de pièce s'accroupit à longueur de cordon. Les 1ers servants de droite et de gauche à leur poste. Tous les autres servants se couchent le long du palan de retraite.

Au commandement d' « ATTENTION ! » , les chefs de pièce se relèvent à demi et regardent le chef de batterie, prêts à faire feu.

Si, au contraire, on prépare un feu ordinaire, le chef s'agenouille seulement pour suivre de l'œil sa ligne de mire, et les 3es servants restent debout, tenant les anspects embarrés sous les flasques, afin de suivre le pointage en direction.

VII. MARQUER LES ÉCOUVILLONS ET LES REFOULOIRS.

Écouvillon.—L'enfoncer dans une pièce bien nettoyée jusqu'à ce que le bord de la cuiller appuie bien sur le fond ; marquer un trait au ras de la tranche de la bouche. Cette marque avertirait les chargeurs, si un culot interposé empêchait l'écouvillon d'arriver au fond.

DÉTAIL.

REFOULOIR. — Charger une pièce réellement avec les différentes charges et les divers projectiles (on prend pour cela les gargousses remplies de sable et sciure de bois, conformes au modèle règlementaire, qu'on doit avoir dans chaque batterie pour l'instruction des hommes

Quand on les enfonce dans la pièce, on amarre sur le collet un fil à voiles, pour pouvoir les retirer sans les déchirer).

Les divers chargements sont les suivants :

Charge au $\frac{1}{6}$
- à poudre.
- à boulet plein.
- à boulet creux.

Charge au $\frac{1}{4}$
- à boulet plein.
- à boulet creux.
- à mitraille.
- à 2 boulets.
- à boulet et mitraille.

Charge au $\frac{1}{3}$ à boulet plein.

On fait un trait circulaire sur la hampe pour chaque charge et le boulet plein, et pour tous les autres projectiles un simple cran sur la hampe. Les traits et crans sont peints en blanc.

COMMANDEMENTS.	DÉTAIL.

Deuxième Section — Manœuvres de force.

I. DÉMONTAGES *(Par la machine en grand en amenant sur le pont).*

1. Présenter la pièce sous les pitons de démontage.

(On suppose qu'il y a des pitons à chaque pièce).

La pièce.=Présentez!

Décrocher les palans de côté, pointer la pièce en chasse ou en retraite, selon que les pitons se trouvent sur l'arrière ou sur l'avant du milieu du sabord. Décapeler la brague, ôter le curseur, le percuteur et les sus-bandes. —Au palan de retraite: rentrer la pièce jusqu'à ce que le bouton de culasse et la tranche soient à la hauteur des pitons de démontage. Dresser la pièce pour qu'elle soit bien au-dessous des pitons, caler les roues, décrocher le palan de retraite.— Mettre la pièce à peu près horizontale.

Observations.—Ce mouvement qui est commun à tous les démontages, doit être fait avec un grand soin. — Quand on emploie la machine en grand, il faut que la culasse et la volée soient parfaitement à l'aplomb des pitons, autrement on est exposé à ne pas pouvoir dégager l'affût sans enlever les roues. Quand on emploie la machine à la culasse seulement; c'est la volée qu'il faut présenter surtout bien à l'aplomb du piton, lorsque la culasse repose sur la sole.—Quand on emploie la machine à la volée, c'est le bouton de culasse qui doit répondre exactement au piton. Dans ces deux derniers cas, le

| COMMANDEMENTS. | DÉTAIL. |

ruban de volée ou l'aiguillette doivent être amarrés le plus court possible.

2. Passer les itages, disposer les palans.

Machines et palans. = Disposez!

A la volée. — Enfoncer le burin dans l'âme ; capeler la poulie triple au piton. Passer le bout de l'itague : 1° dans le clan du milieu de la poulie triple, de dedans en dehors ; 2° dans le clan de droite du burin de dehors en dedans ; 3° dans le clan de droite de la poulie triple, de dedans en dehors ; 4° dans le clan de gauche du burin, de dehors en dedans ; 5° dans le clan de gauche, de la poulie triple, de dedans en dehors ; faire le dormant sur le burin au moyen d'un nœud de bouée, en prenant une brasse de bout.

A la culasse. — Capeler la poulie double au bouton de culasse et la poulie triple au piton. — Passer l'itague comme il vient d'être dit ; puis passer le bout autour du bouton ; faire tour mort au bouton, tour mort autour de l'estrope de la poulie double et enfin, faire mordre le bout entre le dormant et l'estrope.

Capeler deux pantoires aux crocs à palans de la pièce correspondante (du bord opposé) ; y crocher les poulies simples du palan de l'avant et du palan de l'arrière. — La poulie double du palan de l'avant, est crochée dans la cosse de l'itague de volée ; la poulie double du palan de l'arrière, dans la cosse de l'itague de culasse.

3. Soulager la pièce, retirer l'affût.

Palanquez!

Une file sur chaque palan ; palanquer à la fois, à grands coups et ensemble. — Mettre les poulies à joindre ; faire mordre les garans au cul des poulies. — Engager un anspect dans l'anneau carré, décaler les roues ; pous-

COMMANDEMENTS.	DÉTAIL.

ser l'affût en abord , et le retirer sans passer sous la pièce.

4. Amener la pièce sur le pont.

Amenez !

Disposer deux anspects en long sur le pont, l'un sous la volée, l'autre sous la culasse; présenter deux coins d'arrêt pour recevoir et guider les tourillons. — Larguer les deux palans et amener carrément; manier les itagues et surtout celle de la volée pour faire amener. — Laisser dépasser le palan de la volée à mesure de la demande.

PRENDRE LA PIÈCE SUR LE PONT ET LA REMETTRE SUR L'AFFUT.

1. Disposer les palans.

Palans. = Disposez !

Laisser les itagues comme elles sont et le palan de la culasse tel qu'il est passé. Décrocher la poulie simple du palan de l'avant; repasser le garan de ce palan et l'embraquer, de manière que le bout vienne à la hauteur de la poulie simple. Crocher au croc de cette poulie simple, le croc de la poulie double du palan de retraite, dont la poulie simple est crochée à la pantoire de l'avant. Embraquer le palan de retraite en étalant sur le palan de l'avant; faire mordre le garan du palan de retraite, au cul de sa poulie double.

2. Soulager la pièce; présenter l'affût.

Palanquez !

Ranger une file sur chaque garan de palan de côté. — Palanquer, à la fois, à grands coups et ensemble. — Dès que le palan de l'avant a ses poulies à joindre, faire mordre

COMMANDEMENTS.	DÉTAIL.

Amarrez !

son garan, et ranger les hommes sur le garan du palan de retraite ; continuer à palanquer des deux côtés , jusqu'à ce que les poulies de la machine soient à joindre ; faire mordre les garans.

A l'affût.=Présentez !

Pousser l'affût en abord, le présenter sous la volée, et le conduire sous les tourillons en le roulant vers la culasse. Le disposer bien carrément, de manière que les tourillons répondent aux encastrements. Caler les roues.

3. Amener la pièce, mettre en batterie.

Amenez !

Amener la volée jusqu'à ce que les tourillons reposent dans leurs encastrements. Cela fait amener en grand la culasse ; les anspects étant embarrés sur le 1er adent pour la recevoir. Décrocher les poulies doubles des palans de côté ; donner du mou dans les itagues ; enlever le burin ; décapeler du bouton la poulie double de la machine. Pousser la pièce en batterie, la garnir et remettre tout en place.

Observations.

C'est ce démontage qui est le plus important et celui qu'on emploie le plus souvent dans la pratique, soit pour changer un affût réellement brisé, quand la pièce est renversée, soit pour réparer un affût avarié, les palans courts ne permettant pas de procéder comme il est dit au Manuel.

Pour prendre la pièce sur le pont et la remettre sur l'affût, on peut aussi opérer de la manière suivante , quand les dispositions locales s'y prêtent.

Rabraquer les itagues, les cosses touchant les poulies et refaire les dormants. Rabraquer et repasser les palans de côté, dont les poulies doubles sont crochées dans ces cosses, jusqu'à ce que le bout du courant vienne à la hauteur de la poulie simple. Crocher dans les poulies simples de ces deux palans le croc de la poulie double de deux autres palans, dont la poulie simple est crochée pour l'un, (celui de la culasse) à la pantoire qui est elle-même crochée en double ; pour l'autre, (celui de la volée) à la boucle de retraite de la pièce de l'autre bord, qui est immédiatement sur l'avant de celle qu'on démonte.

Les mêmes dispositions peuvent servir également à soulager la pièce de dessus l'affût et à l'amener sur le pont sans dépasser les palans : mais alors les itagues doivent être marquées de telle sorte, que les cosses arrivent à joindre quand la pièce repose sur le pont.

Il est bon de remarquer que les dispositions les meilleures peuvent varier, selon la position de chaque pièce de la batterie, et selon les obstacles qui existent dans l'axe du bâtiment. C'est au chef de batterie qu'il appartient de modifier le système , pour l'adapter à la nature des choses.

Nous ne disons rien ici des divers autres systèmes de démontage, qui ne trouvent plus d'application pratique, depuis que toutes les pièces sont pourvues de pitons de démontage.—La méthode, au moyen de barres de cabestan, ou celles par les trévires, sont de purs objets de curiosité.

Autant que possible, dans une batterie bien conduite, il faut adopter une seule méthode pour chaque chose, et s'y tenir.

II. EMBARQUER ET DÉBARQUER LES CANONS.

Dans ces manœuvres et autres semblables, il faut toujours exercer trois pièces à la fois, ni plus ni moins. Chaque armement de pièce exécute le mouvement à son tour, tandis que les deux autres regardent.

Pour l'exercice, on fait disposer les pièces comme il est dit ci-après, sans mettre de caliorne en place et sans soulager les pièces.

DÉBARQUER UNE PIÈCE

Faire retirer de son sabord une des trois pièces désignées et l'envoyer devant ou derrière dans la batterie ; — dégager le sabord qu'on suppose être le sabord de débarquement.

1. Pour débarquer la Nième pièce !

2. Déshabillez !

1. Déshabiller la pièce.

Le chef de pièce enlève la bride de brague et décapelle la brague par dessus le renfort, les servants la font courir jusqu'à la volée et la dégagent des pitons à fourche. — Les 2mes servants enlèvent les sus-bandes, les 3mes décrochent les poulies simples des palans de côté et les jettent en abord. Pendant ce temps, le chef aidé des 4mes enlève le percuteur et le curseur. Toutes ces accessoires sont placés en ordre au recul ; les ustensiles sont ramassés à leurs postes.

Nota. — Si l'on devait réellement débarquer la pièce, l'armurier enlèverait la boîte de hausse et la masse de mire ; mais les hommes ne doivent jamais faire cette opération dans les exercices parce qu'ils pourraient fausser l'ajustage et déranger les points de mire.

<table>
<tr><td>COMMANDEMENTS.</td><td>DÉTAIL.</td></tr>
</table>

2. Conduire la pièce au sabord de débarquement.

Au sabord de débarquement!

Au palan de retraite; palanquer au recul; engager les anspects dans les anneaux carrés, décrocher le palan de retraite. Traverser la pièce en calant une roue, de manière que dans ce mouvement la volée se dirige vers le sabord de débarquement. Conduire la pièce au sabord, à la main et à l'épaule, la traverser de nouveau, droit en face du sabord, en calant une roue et la laisser au recul, les deux roues calées.

3. Disposer l'attirail.

Disposez l'attirail!

Prendre au centre de la batterie ou au sabord de débarquement, les objets suivants qui y ont été déposés :

Deux roues de rechange (l'une sur l'autre en arrière de l'affût à gauche).

Une coulisse (en arrière de l'affût dans le sens de la pièce).

Une galoche (sur la coulisse, le talon tourné vers la muraille).

Une élingue à canon (à droite de la pièce, par son travers et dans son sens).

Deux estropes de culasse (une de chaque côté de l'arrière de l'affût).

Deux aiguillettes (lovées, une de chaque côté, par le travers de la volée).

Deux palans (élongés d'un bord à l'autre de toute leur longueur ; la poulie double en arrière de la pièce).

Deux pantoires (du bord opposé vis-à-vis la pièce).

Nota.—Si l'on avait des palans longs, on n'aurait pas besoin de pantoires. Si l'on était dans la batterie basse, on disposerait quatre roues de rechange au lieu de deux.

<table>
<tr><td>COMMANDEMENTS.</td><td>DÉTAIL.</td></tr>
</table>

4. Disposer la pièce.

La pièce.— Disposez !

Baguer les estropes de culasse (sur la plate bande ou sur le bouton); capeler l'élingue par-dessus au bouton de culasse, et l'élonger sur la pièce jusqu'au bourrelet.— Les 2mes servants font la première bridure sur l'avant des flasques: l'aiguillette étant prise en double, on en fait trois tours en laissant du mou et on arrête les bouts ensembles sur la volée par un nœud plat.— La seconde bridure est faite par les 1ers servants, sur la plate-bande de tulipe;— l'aiguillette est passée en simple, on en fait 4 tours et les bouts ramenés par-dessus la volée de chaque côté ne sont pas arrêtés.

En même temps, le chef de pièce fait embarrer sous la culasse par les 3mes servants, enlève le coussin et le coin de mire, place les deux roues de rechange, la 1re sur le bout avant de la sole touchant l'entretoise avant, la 2me sur le bout arrière de la sole touchant les anneaux carrés et en dehors de ces derniers ; aidé du 4me de droite, le chef introduit dans l'affût la coulisse et la pose sur les roues de rechange ; puis il dispose la galoche de façon que le talon soit un peu en avant de la plate-bande de culasse. Il laisse tomber la culasse et fait retirer les anspects.

Pendant ce temps, les 5mes servants ont croché les poulies doubles des palans dans les estropes de culasse et élongé les pantoires dont un bout est croché aux crocs à palan de la pièce de l'autre bord, tandis que l'autre bout sert de dormant aux poulies simples des palans.

En batterie.— Heup !

Ces dispositions prises : décaler les roues , relever le croissant; pousser la pièce en batterie à toucher le bord. Les poulies simples des palans sont crochées aux pan-

COMMANDEMENTS.	DÉTAIL.

toires et les palans embraqués raides ; le 5me de gauche et le pourvoyeur se tiennent au retour prêts à filer. Les 1ers servants se portent en dehors du sabord sur la préceinte et se tiennent debout de chaque côté, ayant chacun à la main un bout de l'aiguillette de la 2me bridure. Ils embraquent l'aiguillette, parés à filer dès que les tourillons seront sortis de leurs encastrements.

Observations.—Si l'on débarquait réellement les pièces, les 1ers servants donneraient la main à crocher dans l'élingue, le croc de la caliorne. (On peut observer, en passant, que c'est seulement quand la caliorne est embraquée, qu'il faut rectifier la position de la grand' vergue et amarrer les bras. La caliorne doit être exactement à l'aplomb du milieu du sabord de débarquement, et l'on n'en peut juger qu'en se plaçant dans les porte-haubans par le travers).

Une fois la pièce sortie du sabord, si l'on débarque réellement, on fera le commandement : « L'affût à son poste » auquel l'affût sera dégagé et reconduit à son sabord.

En exercice, on profite des dispositions prises pour faire le simulacre d'embarquer une pièce.

EMBARQUER UNE PIÈCE

1. Disposer l'affût.

1. Pour embarquer la N^{ième} pièce.

2. Disposez !

Les 1ers servants larguent la 2me bridure ; les 2mes vont prendre les palans de côté et les crochent à leur poste, les palans longs sont affalés. Le chef fait soulager la culasse, retire la galoche, la retourne et la dispose sur la coulisse, le talon en dedans un peu sur l'arrière de la plate-

 | DÉTAIL.

bande ; il amarre la coulisse au moyen des rabans. —Chaque file amarre l'affût solidement à garans doublés par la queue des flasques. Les roues sont calées sur l'arrière. Tout le monde se range sur les palans longs qui sont embraqués ; on se tient prêt à hâler.

2. Remettre l'attirail à son poste.

L'attirail à poste!

Larguer l'amarrage de l'affût ; larguer la bridure ; décapeler l'élingue et les estropes de culasse ; soulager la culasse ; retirer la galoche, la coulisse et les roues de rechange.— Remettre en place le coussin et le coin de mire.—Disposer tout l'attirail, en ordre au recul, les aiguillettes lovées, ainsi que les palans longs et les pantoires.

3. Conduire la pièce à son poste.

La pièce à son poste!

Le mouvement se fait comme pour amener la pièce au sabord de débarquement, mais par les moyens inverses.

4. Rhabiller la pièce.

Rhabillez !

Remettre en place les accessoires et le gréement.

III. JETER UN CANON A LA MER.

---

1. Disposer la pièce.

1. Pour jeter à la mer la N^{ième} pièce.
2. Disposez!

(La pièce étant supposée amarrée pour la mer à garans doublés, le palan de retraite en ceinture : les roues de l'avant calées sur l'arrière).

Les chargeurs enlèvent les sus-bandes. Le chef aidé des 4es servants déshabille la pièce ; puis il ôte la bride de brague et laisse tomber la brague sur l'arrière de l'affût. Le 5ᵐᵉ de droite va prendre une roue de rechange et le 5ᵐᵉ de gauche un chantier de chaîne, qu'ils placent en abord à droite de la pièce.

Larguer les palans de côté ; capeler une estrope de fusée au bouton de culasse; y crocher les poulies simples des palans de côté, dont les poulies doubles restent crochées à leur poste.

Embarrer les anspects sous la culasse, la laisser tomber pour que les chargeurs puissent rabattre la partie basse et disposer sur le seuillet du sabord, à plat, et directement sous la volée, d'abord la roue de rechange ensuite le chantier à plat sur la roue.

2. Soulager la pièce.

Soulagez !

Les 2ᵐᵉˢ, 3ᵐᵉˢ et 4ᵐᵉˢ servants agissent sur les anspects et soulagent la culasse, en pesant à poids sans secousse, ensemble et bien également des deux côtés; ils ont soin d'embarrer et de débarrer en même temps, pour passer d'un adent à l'adent supérieur. — Pendant ce temps, les 1ᵉʳˢ et 5ᵐᵉˢ servants maintiennent raides les palans de côté. Le chef soutient la culasse, tant qu'elle monte en enfonçant le coussin et le coin de mire, il indique aux servants chargés des anspects, de peser meilleur, à droite ou à gauche, pour faire monter horizontalement les tourillons. Il fait tenir bon quand il voit les tourillons près de sortir de leurs encastrements.

3. Jeter la pièce à la mer.

Enlevez !

Les servants chargés des anspects agissent ensemble pour donner une forte secousse, ainsi que ceux qui étaient sur les garans, au moment où le roulis est favorable,

6

COMMANDEMENTS.	DÉTAIL.

pour aider à faire décapeler les tourillons par dessus les têtes des chevilles à mentonnet.

Nota.— Si l'on jette réellement les pièces à la mer, on amarre le chantier de chaîne par son milieu avec un raban dont les deux bouts passent dans le trou de la roue de rechange (de dessus en dessous) et viennent faire dormant sur les crocs à palans, afin que la pièce n'entraîne pas avec elle la roue et le chantier.

Observation.—Dans les exercices, il faut éviter de faire sortir tout-à-fait les tourillons de leurs encastrements, pour éviter les accidents.

Le mouvement terminé, on remet la pièce à son poste, on la rhabille, et on remet tout en place par les moyens inverses.

DEUXIÈME PARTIE.—ÉCOLE DES AVARIES.

Après avoir expliqué, dans les théories, comment on pare aux divers accidents qui se produisent dans le combat, l'instructeur simule les avaries dans les exercices. Il fait passer successivement chaque pièce isolément par chacune des avaries qu'on peut prévoir. Les avaries sont classées en séries, de telle sorte, que trois pièces puissent exécuter successivement deux séries entières en une demi-heure.

Voulant faire exécuter une série de l'école des avaries, l'instructeur commandera, par exemple.

1. Charge 1|4, boulet plein.

2. Tir horizontal, en belle.

3. Amorcez, pointez !

4. 1re pièce à volonté.$=$ Commencez le feu !

5. 2me et 3me, en place.$=$ Repos !

Il fait exécuter la 1re série d'avaries à la 1re pièce, puis il met « en place repos », et passe à la pièce suivante.

COMMANDEMENTS de l'Instructeur.	DETAIL.

1re SÉRIE.
- L'étoupille à râté.
- L'étoupille a brûlé sans faire partir le coup.
- La charge n'est pas rendue.
- La charge engagée.
- Noyer la gargousse.

---

1. L'étoupille à râté.

L'étoupille a râté!....

Le chef de pièce se porte à gauche de la pièce, enlève l'étoupille qui a servi, dégorge et amorce de nouveau. Les 3mes servants embarrent sous la culasse. — Le chef se place à la première position du pointage, vérifie le pointage et le rectifie s'il y a lieu. Il fait de même à la 2me position et se tient prêt à faire feu.

NOTA. — Faire remarquer au chef qu'en se portant à gauche, il doit se tenir hors du recul des roues et des fusées, parce que le coup peu partir tandis qu'il dégorge.

2. L'étoupille a brûlé sans faire partir le coup.

L'étoupille a brûlé, le coup n'est pas parti !

Le chef et les 3mes servants recommencent la manœuvre qui vient d'être indiquée.

<table>
<tr><td></td><td></td></tr>
</table>

3. La charge n'est pas rendue.

<table>
<tr><td>

L'étoupille a brûlé, le coup n'est pas parti!

</td><td>

L'instructeur fait remarquer au chef de pièce, que si cet accident arrive deux fois de suite, c'est un signe presque certain que la charge n'est pas rendue.—Le chef doit donc commander aussitôt : '« Au Palan de Retraite! » La pièce est mise au recul, les chargeurs se portent à la volée, le 2me de droite envoie lestement le refouloir. On refoule de nouveau, on met en batterie. Le chef amorce et recommence le pointage.

Nota.-- L'instructeur peut aussi faire le commandement : « La charge n'est pas rendue » au moment où le chef sonde à la fin de la charge, ce dernier fait le signe négatif avec le dégorgeoir , et les chargeurs reprennent leurs postes pour refouler de nouveau.

</td></tr>
</table>

4. La charge est engagée.

<table>
<tr><td>

1er cas.

</td><td>

(La pièce est supposée au recul, et on s'occupe de la charger).

</td></tr>
<tr><td>

1. Le boulet est engagé!
2. Au tire-bourre!...

</td><td>

Les derniers servants vont chercher le tire-bourre qu'on fait passer aussitôt au chargeur, et la cuiller qu'on dépose sur le pont à droite de la pièce, la hampe tournée vers le sabord.

Le chargeur introduit le tire-bourre dans la pièce, l'appuie fortement sur le valet, le fait tourner lentement pour qu'il morde; dès qu'il sent qu'il a mordu, il le tire lentement, sans secousse et par un mouvement continu.

Les 3mes servants embarrent sous la culasse et l'élèvent légèrement pour faire rouler le boulet, les chargeurs tiennent la main devant la bouche de la pièce.

</td></tr>
<tr><td>

2e cas.

</td><td>

(Aussitôt que le mouvement précédent est terminé, on fait le commandement ci-contre qui suppose qu'après le valet retiré, le boulet n'a pas bougé).

</td></tr>
</table>

COMMANDEMENTS.   **DÉTAIL.**

1. Le boulet est engagé !
2. A la cuiller !

Le 2ᵐᵉ de droite fait passer la cuiller au chargeur, qui l'introduit dans la pièce, l'ouverture en dessous, il l'appuie fortement pour faire pénétrer le bord entre le boulet et les parois de l'âme. — Aidé du 1ᵉʳ de gauche, il essaie de faire tourner la cuiller, puis il cherche à ébranler le boulet en maniant la hampe et lui faisant toucher plusieurs fois les bords de la bouche, d'abord de haut en bas, puis de droite à gauche. Les anspects sont embarrés sous la culasse ; on l'élève pour aider à retirer la cuiller. Les chargeurs la retirent lentement et sans secousse par un mouvement continu.

3ᵉ CAS.

(Aussitôt que le mouvement précédent est terminé, on fait le commandement ci-contre qui suppose qu'on n'a pu ébranler le boulet avec la cuiller).

1. Le boulet est engagé !
2. Frappez la volée !

Le chef retire le coussin et le fait passer aux chargeurs qui le placent debout sous la tulipe ; le petit bout reposant sur le pont et le paillet d'écouvillon garnissant le gros bout. Les 3ᵐᵉˢ et 4ᵐᵉˢ servants soulagent la culasse et embarrent sur le 2ᵐᵉ adent. Les chargeurs appuient leurs deux mains sur le bourret prêts à peser ; le chef prend le bouton de culasse prêt à soulager.

Tous agissent ensemble et donnent à la pièce un mouvement de balancement vigoureux, de manière que la tulipe vienne frapper fortement sur le coussin. (Dans les batteries hautes, la partie basse est relevée et crochée).

5. Noyer la gargousse.

1. Le boulet n'est pas dégagé !

2. Noyer la gargousse.

(On suppose qu'on vient d'employer les trois moyens précédents, sans succès).

Remettre le coussin en place sans l'enfoncer beaucoup, laisser tomber la culasse plusieurs fois de suite fortement sur le coussin, pour faire rendre la gargousse. Dès qu'elle est rendue le chef la perce plusieurs fois avec le dégorgeoir.—La culasse étant plus basse que la volée, verser un seau d'eau par la bouche de la pièce de manière que la gargousse soit couverte ; en verser un peu dans la lumière ; agiter plusieurs fois avec le dégorgeoir. Laisser la pièce dans cette position environ un quart d'heure.

Mettre alors la pièce hors d'eau (la volée très-basse), laisser bien égoutter, nettoyer la lumière.

Remettre lá pièce horizontale ; mettre en batterie.— Prendre une corne d'amorce pleine ; verser dans le creux de la main gauche un peu de poudre (la valeur d'une charge de carabine), la faire descendre par la lumière en agitant le dégorgeoir. Amorcer avec une étoupille ; faire feu. —Écouvillonner plusieurs fois et nettoyer la pièce.

Observation. —Cet accident fort rare dans le chargement, est assez commun lorsque les pièces sont restées quelque temps chargées pour la mer. On s'en aperçoit en visitant les charges.

Le mouvement indiqué ici pour mémoire et compris dans la 1re série de l'école des avaries, devra être exécuté très-rarement dans les exercices ; et ce ne sera bien entendu qu'un simulacre.

2me Série.
- Le cordon cassé.
- La lumière engagée.
- Un boulon du percuteur brisé.
- Le marteau du percuteur brisé.
- Usage du boute-feu.

COMMANDEMENTS.	DÉTAIL.

1. Le cordon cassé.

1ᵉʳ CAS.

Le cordon est cassé !

Tandisqu'on charge la pièce, le chef tout en tenant la lumière bien bouchée, commence à réparer le cordon ; il achève dès que la charge est finie et avant d'amorcer.

Si le coup n'est pas parti, le chef répare le cordon et rectifie le pointage. (Si l'instructeur veut simuler cette circonstance, il aura soin de l'indiquer avant que la pièce ne soit au recul).

2ᵉ CAS.

Le cordon est hors de service !

Sans quitter son poste ni cesser de boucher la lumière, le chef de pièce crie au 2ᵉ maître de sa division : second maître, un cordon !

2. La lumière engagée.

La lumière est engagée !

(L'instructeur fait ce commandement au moment où le chef sonde).

Dès que le chef de pièce s'aperçoit que la lumière est engagée, il crie : second maître !

Celui-ci vient immédiatement à cet appel, passe le dégorgeoir à vrille dont il est muni, et s'il ne réussit pas à dégager la lumière, il appelle l'armurier de la batterie qui emploie son villebrequin.

3. Un boulon du percuteur brisé.

Un boulon brisé !

Le chef crie : second maître, un boulon ! Le 2ᵉ maître apporte un boulon et le remplace.

4. Le marteau du percuteur brisé.

Le marteau est brisé !

Le chef appelle le 2ᵐᵉ maître.— On envoie prendre un percuteur de rechange placé au centre de la batterie et l'armurier vient le mettre en place.

COMMANDEMENTS.	DÉTAIL.

5. Usage du boute-feu.

1. Percuteur brisé !
2. Pas de rechange !

Le 4me de droite va prendre dans la baille de section, le boute-feu et la corne qu'il donne au chef de pièce. — On se sert de la corne et du boute-feu comme il est prescrit par le Manuel.

Corne. — Le chef capelle la corne en bandoulière, de droite à gauche, prend la corne de la main gauche près du bout à pleine main, le manche en l'air ; appuie le pouce de la même main sur le levier, et fait tomber la poudre sur le champ de lumière. — Il saisit de la main droite le dégorgeoir par son milieu et l'agite dans la lumière, de haut en bas, pour faire pénétrer la poudre dans le canal. Il fait une traînée sur l'avant du champ de lumière, prend la corne à deux mains, écrase la poudre de la traînée en la pressant du ventre de la corne ; essuie ce dernier avec la paume de la main droite, et fait passer ensuite la corne derrière son dos.

Boute-feu. — Le 4me de droite, à son poste, tient élevée la hampe du boute-feu de la main droite et la tête abaissée vers le pont de la main gauche. Il fait face au chef de pièce et le regarde. Quand le pointage est fini, il se baisse pour souffler la mèche, se relève, allonge le bras droit, la main renversée, les ongles en l'air, et place le bout de la mèche à cinq centimètres en avant et à droite de la traînée de poudre.

Au signal du chef (celui du bras gauche), il touche le champ de lumière du bout de la mèche.

Le coup a râté !

Le mouvement précédent étant exécuté, l'instructeur suppose que le coup a râté. On recommencera le mouvement en observant les mêmes prescriptions. Toutefois, pour dégorger, le chef de pièce passera à gauche de la

<table>
<tr><td></td><td></td></tr>
</table>

pièce, hors du recul des fusées, et il versera la poudre dans sa main droite et sur le champ de lumière pour amorcer de nouveau. Il abandonnera la corne et agitera le dégorgeoir de la main gauche.

3me SÉRIE.	La brague brisée. Une poulie simple brisée. Une poulie double brisée. Un garan de palan coupé.

1. La brague brisée.

La brague est brisée!

(Le commandement est fait, au moment où la pièce arrive au recul après avoir fait feu).

Le chef bouche la lumière, décapelle la bride de brague. Les 3mes servants démaillent la brague et l'enlèvent (après avoir mis la pièce à même d'être chargée, s'il y a lieu); les 4mes vont prendre la brague de rechange et tous les quatre la mettent en place. Pendant ce temps on continue de charger la pièce et de mettre en batterie.

NOTA.— Dès que la brague neuve est en place, on commande : « La brague est remplacée ! » Tous les servants donnent alors la main au remplacement de la brague neuve, laquelle est reportée au centre de la section.

2. Une poulie simple brisée.

1er CAS.
(Un bord armé)
La poulie simple du palan de... est brisée !

Les 4mes servants vont de l'autre bord prendre le palan correspondant à celui qui est avarié et remplacent ce dernier.

(Palan de côté).—Dépasser le garan , décrocher la poulie simple ; passer le bout du garan de dessus en

2° CAS.
(Les 2 bords armés) (1)
Même commandement !

---

(1) Pour simuler le 2. cas, l'instructeur devra toujours faire le commandement préparatoire : « Les deux bords sont armés ! »

dessous, dans le clan de la poulie double le plus rapproché du flasque ; faire dormant avec ce bout sur le piton de manœuvre.

(Palan de retraite). — Le remplacer par le palan de droite ; et à la place du palan de droite, disposer le palan de retraite avarié, comme il vient d'être dit ci-dessus.

3. Une poulie double brisée.

1ᵉʳ CAS.
(Un bord armé)

La poulie double du palan de... est brisée !

Prendre le palan correspondant de l'autre bord.

2° CAS.
(Les 2 bords armés).
Même commandement !

(Palan de côté). — Dépasser le garan, décrocher la poulie double ; crocher la poulie simple au croc à palan ; passer le bout du garan dans le clan de cette poulie, de dehors en dedans, faire dormant au piton de manœuvre.

(Palan de retraite). — Le remplacer par le palan de droite, et à la place du palan de droite, disposer le palan de retraite avarié, comme il vient d'être dit.

4. Un garan coupé.

1ᵉʳ CAS.
(Un bord armé).

Le garan du palan de... est coupé !

Prendre le palan correspondant de l'autre bord.

2ᵉ CAS.
(Les 2 bords armés).
Même commandement !

(Palan de côté). — Dépasser les deux bouts du garan ; les marier ensemble, faire dormant du bout libre au piton de manœuvre et prendre à retour, au croc à palan.

(Palan de retraite). — Le remplacer par le palan de droite et à la place du palan de droite, disposer le palan de retraite avarié, comme il vient d'être dit.

Nota. — Si le palan de droite était déjà avarié , on prendrait le palan de gauche pour remplacer le palan de retraite. Enfin, s'il n'y

<table>
<tr><td>COMMANDEMENTS.</td><td>DÉTAIL.</td></tr>
</table>

a plus de palan pour remplacer ce dernier, marier ensemble les deux bouts du garan après les avoir dépassés ; passer le bout libre dans la boucle de retraite et faire dormant au piton de croupière.

5. Manœuvre du palan de retraite.

(Voir Manuel, p.   ).

4me **Série.** une roue brisée { derrière. / devant. deux roues brisées { derrière. / devant.

1. Une roue brisée derrière.

1er CAS.

La roue de droite de derrière est brisée !

Le 5me de droite va prendre la roue de rechange ; le chef aidé du 5me de gauche embarre l'anspect de droite sous l'essieu arrière près du flasque et soulage l'affût. Le 3me et le 4me de droite enlèvent l'esse, retirent la roue brisée et mettent en place la roue de rechange, qui leur est présentée par le 5me de droite.

Nota.—Si c'est la roue de gauche qui est brisée au lieu de celle de droite, le détail est le même ; il n'y a qu'à remplacer le mot « droite », par le mot « gauche. »

2e CAS.

Il n'y a plus de roues de rechange !

On se servira de la roue de droite de derrière de la pièce correspondante de l'autre bord, démontée comme il vient d'être dit, par les 3mes et 4mes de gauche et le 5me de droite, et apportée et présentée par ce dernier.

2. Une roue brisée, devant.

1er CAS.

La roue de droite, de devant, est brisée !

Pointer la pièce en chasse (à bâbord, en retraite à tribord), pour permettre d'opérer à l'aise ; au besoin rentrer même un peu la pièce.

| COMMANDEMENTS. | DÉTAIL. |

Enlever la roue de gauche de derrière ; embarrer l'anspect de gauche dans l'anneau carré. — Toute la file de gauche pèse sur l'anspect pour faire incliner l'affût sur la gauche. Pendant ce temps, le chef présente le coin de mire sous le taquet de l'essieu avant (sous l'essieu s'il n'y a pas de taquet) à droite et près du flasque, et l'enfonce à mesure que l'affût s'incline.

Le 3ᵐᵉ de droite place le coin d'arrêt de droite vis-à-vis du bout de la fusée de droite de l'essieu de derrière ; le 4ᵐᵉ de droite embarre le bout de l'anspect de droite sous cette fusée, en l'appuyant sur le coin d'arrêt pour aider au besoin à faire incliner l'affût.

Le 1ᵉʳ de droite enlève l'esse et retire la roue brisée, tandis que le 2ᵐᵉ de droite soulage le palan de côté et la brague.— Le 5ᵉ de droite présente la roue de rechange, qui est mise en place.

Cela fait, la file de gauche fait effort pour incliner encore l'affût, afin que le chef puisse retirer le coin de mire.— Enfin, on remet en place la roue de gauche de l'essieu de derrière.

Nota.—Si c'est la roue de gauche qui est brisée, au lieu de celle de droite, le détail est le même, il n'y a qu'à remplacer le mot « droite », par le mot « gauche. »

2ᵉ CAS.
Il n'y a plus de roues de rechange !

La roue de gauche de derrière est mise en place de la roue de droite de devant ; puis la première est remplacée par la roue de la pièce correspondante de l'autre bord.

3ᵉ CAS.
id.   *id.*
Les 2 bords sont armés.

La roue de gauche de derrière est mise en place de la roue de droite de devant ; après quoi on enlève la roue de droite de l'essieu de derrière et l'on manœuvre sans roues de derrière.

Nota.— On ne doit jamais manœuvrer sur trois roues, cela fati-

　　　　　　　　　　DÉTAIL.

gue l'affût, et peut même occasionner un accident. Les affûts à 4 roues se comportent d'ailleurs fort bien pendant le tir, sans roues de derrière, surtout quand l'essieu est muni du taquet qu'on a eu grand tort de supprimer.

3. Deux roues brisées, derrière.

Les 2 roues de derrière sont brisées !

Les 5mes servants vont chercher les roues de rechange. Les 4es embarrent les 2 anspects sous l'essieu arrière et soulagent la queue de l'affût ; le chef enfonce le coin de mire sous le milieu de l'essieu de derrière. Les 3mes servants enlèvent les esses, retirent les roues brisées et mettent en place les roues de rechange.

Nota.— S'il n'y a pas de roues de rechange, on prend celles de la pièce correspondante de l'autre bord, qui sont démontées par les chargeurs et les 2es servants.

Si les 2 bords sont armés, on enlève les roues brisées et on manœuvre sans roues de derrière.

4. Deux roues brisées, devant.

Les 2 roues de devant sont brisées !

Décapeler la brague par dessus le renfort, décrocher les poulies simples des palans de côté, s'assurer que les clavettes des sus-bandes sont bien en place.—Rentrer la pièce, et présenter la volée sous le piton de démontage. Introduire le burin dans l'âme, passer la machine à la volée, disposer un palan croché à la cosse de l'itague. Enlever le coin de mire et laisser la culasse reposer sur le coussin enfoncé à bloc. Caler les roues de derrière sur l'arrière.

Les 5es servants vont prendre les roues de rechange ; le chef présente le coin de mire sous le milieu de l'essieu de devant et l'enfonce à mesure que la pièce monte, tous les autres servants se rangent sur le palan de volée, à l'exception des 3⁰ˢ qui enlèvent les esses et se tiennent prêts à retirer les roues brisées.

Palanquer de manière à soulager le devant de l'affût, de quelques centimètres ; enfoncer le coin de mire ; changer les roues ; soulager un peu pour retirer le coin de mire. Amener et pousser en batterie.

Nota.—S'il n'y a pas de roues de rechange, prendre les 2 roues de derrière de la pièce correspondante, qui sont démontées par les chargeurs et les 2⁰ˢ servants.

Si les 2 bords sont armés ; dès que la pièce avariée sera au recul sous les pitons de démontage ; et avant de passer la machine, on démontera les roues de derrière, qui serviront à remplacer celles de devant.—On manœuvrera alors sans roues de derrière.

Observation. —Pour tous les mouvements de cette série, qui peuvent devenir nécessaires , les deux bords étant armés ; les servants mobiles doivent se porter immédiatement à la pièce où survient une avarie.

<table>
<tr><td rowspan="9">5me Série.</td><td colspan="2">Charger une pièce pour la mer.</td></tr>
<tr><td colspan="2">Charger pour un tir d'exercice.</td></tr>
<tr><td rowspan="5">Charger pour le combat.</td><td>à boulet plein.</td></tr>
<tr><td>à boulet creux.</td></tr>
<tr><td>à mitraille.</td></tr>
<tr><td>à 2 boulets.</td></tr>
<tr><td>à boulet et mitraille.</td></tr>
<tr><td colspan="2">Charger pour salut et recharger.</td></tr>
<tr><td>Faire un salut</td><td>alternatif.
en guirlande.</td></tr>
</table>

1. Charger une pièce pour la mer.

Mettre dans la pièce : 1° une gargousse en serge, charge au 1|4 ; 2° un valet plein ; 3° un boulet plein ; 4° le valet erseau.

COMMANDEMENTS.	DÉTAIL.

Taper après avoir suivé la tape ; mettre en place la coiffe de la volée.

Nota.-- L'instructeur fera introduire réellement la charge dans la pièce, sans refouler ni rendre la charge au fond de l'âme. A cet effet, la culasse sera tenue élevée, afin que les projectiles aient une tendance à sortir par leur propre poids et qu'on puisse les atteindre avec la main. Les gargousses employées pour faire le simulacre, seront celles chargées à sable. qui doivent toujours être dans la bat_ terie. Le chef placera toujours le curseur au cran convenable.

2. Charger pour un tir d'exercice.

Charge au 1ı6 boulet plein !
Pour exercice char- gez !

Mettre dans la pièce : 1° la gargousse en papier parchemin (ou en bourre de soie) ; en vérifier l'inscription. 2° un bouchon en algue ; 3° le projectile ; 4° le valet erseau.

3. Charger pour le combat.

Charge au $\left\{\begin{array}{c}\frac{1}{3}\\\frac{1}{4}\\\frac{1}{6}\end{array}\right\}$ boulet plein !

Mettre : 1° la gargousse ; 2° le boulet : 3° le valet erseau.

Charge au $\left\{\begin{array}{l}1ı4\\1ı6\end{array}\right\}$ boulet creux !

Mettre : 1° la gargousse ; 2° le boulet creux... (Faire appliquer les prescriptions du manuel pour prendre le boulet creux dans la boîte, l'introduire dans la pièce, décoiffer la fusée.— A cet effet, le boulet creux employé devra être garni d'une fusée coiffée.— Profiter de l'occasion pour enseigner comment on décharge une pièce chargée à boulet creux, quand le boulet creux est engagé).

Charge au 1ı4 mi- traille !

Mettre : 1° la gargousse ; 2° la mitraille ; 3° le valet erseau.

COMMANDEMENTS.	DÉTAIL.

Charge au 1\|4 bou-lets !

Mettre : 1° la gargousse ; 2° les deux boulets ; 3° le valet erseau.

Charge au 1\|4, boulet et mitraille !

Mettre : 1° la gargousse; 2° le boulet ; 3° la mitraille ; 4° le valet erseau.

4. Charger pour salut et recharger.

Pour salut, chargez !

Mettre la gargousse ; l'enfoncer au fond de l'âme avec le refouloir, appuyer dessus pour la faire rendre, mais sans refouler.

Quand le coup est parti, boucher la lumière, écouvillonner avec un écouvillon bien mouillé.

Si l'on doit recharger immédiatement : aussitôt qu'on a retiré l'écouvillon, enfoncer le refouloir dans l'âme vide; donner un coup de refouloir sur le fond pour écraser ou décoller les culots ; retirer le refouloir, écouvillonner une seconde fois et enfin charger.

5. Faire un salut.

Salut alternatif.— C'est celui dans lequel on tire alternativement à intervalles égaux, les pièces d'un bord et les pièces correspondantes de l'autre.

Les pièces étant chargées et les chefs de pièce à longueur du cordon, l'instructeur commande : Tribord = un !... Bâbord = deux !... Tribord = trois ! etc... jusqu'à épuisement du nombre de coups du salut. Le numéro sert de commandement d'exécution pour le feu.

Pour ces sortes de salut, il n'est pas d'usage de réunir les hommes aux pièces, ni d'approvisionner pour charger et tirer. On envoie quelques hommes à la soute, chargés chacun de deux ou trois gargoussiers. Les chargeurs détapent les pièces qui sont en outre pointées en hauteur et en direction, s'il y a lieu, de manière à ménager les canots, garans, manœuvres..., etc.., qui pourraient se trouver dans la direction du tir.

Dès que la poudre est arrivée, on charge les pièces au sabord, dans la position où elles se trouvent. On en charge toujours 2 ou 3 de plus que le nombre présumé des coups à tirer. Le second maître de la batterie dégorge, amorce, et vérifie s'il n'y a aucun obstacle dans la direction du tir. Les cordons sont allongés à toutes les pièces.

Cela fait, on exécute le tir avec quatre hommes seulement, deux de chaque bord, le 1er seul tire, le second tient allongé le cordon de la pièce voisine et le présente au 1er; toutefois, le second se tient prêt à faire feu immédiatement s'il survenait un râté. Lorsqu'il se produit un râté c'est toujours la pièce voisine et non la pièce correspondante qui doit faire feu.

Tout étant ainsi disposé et les quatre tireurs étant aux quatre premières pièces chargées, le chef de batterie, qui se tient près du panneau du dôme, fait les commandements ci-après, lesquels, à l'exception du dernier, sont répétés par la personne qui envoie le salut, (ordinairement le maître canonnier)..

1. A vos postes pour le salut !
2. On tirera (tant de) coups !
3. Attention !
4. Envoyez !

Si l'on doit recharger, les pourvoyeurs ont dû être renvoyés à la soute. On écouvillonne avec deux écouvillons, spécialement destinés à cet usage (pour ne pas abîmer tous les autres). Chaque fois qu'on s'en est servi à une pièce on les lave à grande eau et en se conformant à toutes les prescriptions relatives aux saluts.

7

COMMANDEMENTS.	DÉTAIL.

Bien convaincre les hommes que les précautions indiquées sont indispensables et leur rappeler qu'en grande majorité, les accidents ont lieu dans les saluts et le tir à poudre.

Salut en guirlande.—C'est celui qu'on emploie le plus habituellement, quand on doit faire un salut général de toute l'artillerie, C'est un feu de file très-rapide. Les batteries doivent être armées, approvisionnées et chacun à son poste. Chaque chef de pièce fait feu et à son tour.

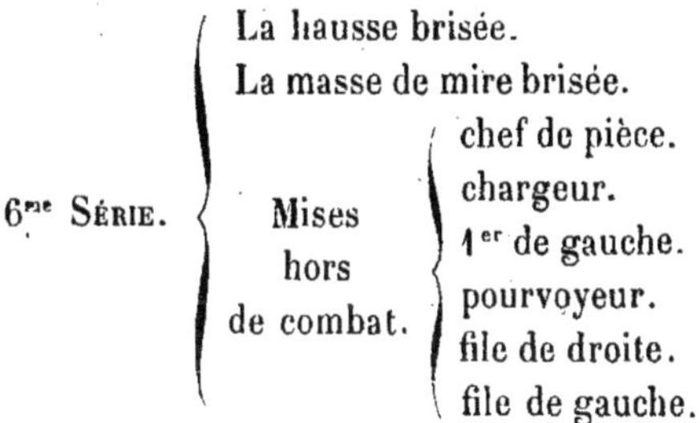

1. La hausse brisée.

La hausse est brisée !

(L'instructeur enlève le curseur). Le chef de pièce appelle le 2ᵐᵉ maître de la batterie qui, avec l'armurier, enlève la masse de mire. Le chef pointe par la ligne de mire naturelle, soit en l'employant seule, soit en s'aidant de la ligne d'axe (Voir pointage, etc...)

<table>
<tr><td>COMMANDEMENTS.</td><td>DÉTAIL.</td></tr>
</table>

2. La masse de mire brisée.

La masse de mire est brisée !

Le chef enlève le curseur, et pointe en se servant de la ligne de mire naturelle, comme il vient d'être dit.

Nota.—Dans les deux cas qui précédent, on suppose que l'avarie n'est pas immédiatement réparable, ce qui arrive presque toujours. Si l'avarie pouvait être réparée, l'armurier y travaillerait aussitôt.

3. Mises hors de combat.

Se conformer aux prescriptions du Manuel. L'instructeur commandera :
Le chef est hors de combat !
Le chargeur est hors de combat !
etc., etc.